世界500强企业最钟情的
营销培训课程

最受欢迎的
哈佛营销课

| 崔小西◎编著 |

人人都是产品经理。
学营销，不一定要上哈佛MBA，读本书就足够。

Zui Shou Huanying De
HaFo Yingxiaoke

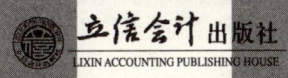
立信会计出版社
LIXIN ACCOUNTING PUBLISHING HOUSE

图书在版编目（CIP）数据

最受欢迎的哈佛营销课 / 崔小西编著. —上海：
立信会计出版社，2014.6
　　（去梯言）
　　ISBN 978-7-5429-4216-6

　　Ⅰ.①最…　Ⅱ.①崔…　Ⅲ.①市场营销学–通俗读物
Ⅳ.①F713.50–49

中国版本图书馆CIP数据核字（2014）第068338号

策划编辑　蔡伟莉
责任编辑　蔡伟莉　何颖颖
封面设计　久品轩

最受欢迎的哈佛营销课

出版发行	立信会计出版社		
地　　址	上海市中山西路2230号	邮政编码	200235
电　　话	(021) 64411389	传　　真	(021) 64411325
网　　址	www.lixinaph.com	电子邮箱	lxaph@sh163.net
网上书店	www.shlx.net	电　　话	(021) 64411071
经　　销	各地新华书店		

印　　刷	固安县保利达印务有限公司		
开　　本	720毫米×1000毫米	1/16	
印　　张	18.25	插　页：1	
字　　数	250千字		
版　　次	2014年6月第1版		
印　　次	2014年7月第2次		
书　　号	ISBN 978-7-5429-4216-6/F		
定　　价	36.00元		

如有印订差错，请与本社联系调换

前 言

　　时至今日，丰富的产品已经不再是人们渴望的东西。超市货架上的同类商品往往有几十种之多，而且每个商家都宣称他们自己的商品是"更新、更好"的。疯狂的竞争促使商家不断改善产品弱点，企业之间互相追逐，最终导致商品平均水平提高，但同质化严重。而面对眼花缭乱的产品，消费者很难区分其细微的差别，同时不计其数的营销方式反而会使消费者对商家的宣传表现出冷淡、困惑和怀疑。

　　如何做好营销工作，如何宣传产品，对当下的销售员的能力和素质提出了更高的要求。

　　每一家企业都期待自己可以拥有一支勇猛无敌的销售队伍；每一个销售员都希望自己可以成为这支金牌队伍中的先锋队员。然而，在数以千万计的销售员中，像乔·吉拉德、原一平那样的销售巨人，实在是微乎其微。绝大多数的销售员，还是在寒来暑往，顶风冒雨中辛苦奔波，但是得到的收获确实相当的微小。那么，同样是销售员，为什么就不能像乔·吉拉德、原一平那样成功呢？其实归根结底，就是在销售技巧和销售方法上存在问题。

　　其实，不管做什么事情，要想有所收获，就必须有所付出，敢于承担风险，敢于面对失败。要做到这一点并不困难，只要不为自己寻找借口，从自己假想的美好世界中走出来，你就能认清现实并采取行动。很多销售员总为自己的怯懦寻找借口，而正是这些借口让他们丧失了面对现实的勇气。

要想成为一名优秀的销售员，仅仅凭着对销售工作的热情是不够的。销售员还必须具备较高的、全面的个人素质。包括：良好的自我驾驭能力、准确的判断能力、高超的与人沟通的能力、灵活的应变能力等等。这些能力都不是与生俱来的，必须通过学习和实践不断的磨炼和完善才能获得。

《最受欢迎的哈佛营销课》以哈佛教学经验为蓝本，从实战出发，告诉每一位企业老板和销售员，要想从嘈杂混乱中脱颖而出，赢得消费者的忠诚，就需要加强优势，以此拉开与竞争者的距离，有所取舍，有所选择。要脱离竞争性克隆；要脱离常规，不要模仿；要创新，不要追赶别人。

相信本书能给销售界人士提供一种全新视野，以重新建构市场、创造市场。

CONTENTS

目 录

第3章　营销战术课

第4章　产品策略课

第5章　定价策略课

第6章　通路策略课

第7章　促销策略课

第10章 客户关系课

第1章

[营销理论课]

怎样从企业出发追求利润最大化？

—— 4P's 营销理论

美国营销学家杰罗姆·麦卡锡（Jerome Mccarthy）把营销手段分为四大类：即产品（Product）、价格（Price）、促销（Promotion）和分销渠道（Place）。因为这四个名词的英文字头都是"P"，所以简称为"4 P's"。

一般情况下，人们所理解的4 P's是产品、价格、渠道、促销这四个单一的因素，其实如果深入地去理解4 P's就会发现它所包含的营销涉及的这四个基本要素具有自身独特的意义：

（1）价格不单单是价格，而是一个价格体系，它应该包括出厂价、经销商出货价格、零售价格，还包括企业的价格政策里面的折扣、返利等指标这样的要素，这样才构成了整个的价格体系。

（2）产品也不单指产品，它是一个产品的体系，包括产品线的宽度、广度，产品的定位，质量状况，甚至包括产品的售后服务。

（3）渠道也不单单是渠道，它包括：公司的渠道战略是自己建设渠道还是通过总经销建设渠道，是总经销还是小区域独家代理，或是密集分销；产品要占领哪些终端，终端的策略怎样；渠道链条的规划，客户的选择怎样；客户的管理和维护；渠道的把握，渠道客户的切换等方面的问题。

（4）促销也不单单是促销活动，而是广义的对消费者、对员工、对终端、对经销商的一个促销组合，这样的促销才是完善的。

4P's营销的优点表现在：

（1）直观、可操作，易控制。4P's包括企业营销所涉及的每一个方面，它可以清楚直观地解析企业的整个营销过程，而且紧密联系产品，从产品的生产加工到交换消费，能完整地体现商品交易的整个环节，对于企业而言，容易掌握与监控，哪个环节出现问题，容易及时地予以诊断与纠正。

（2）短期即可见效，具备可预见性。4P从企业自身情况出发，以追求最大利润为原则，因此它的一招一式都是为了维护企业利益做出的，这也是诸多企业偏爱这种管理方法的原因。

4P's营销的缺点表现在：

（1）4P's是以企业为中心，以追求利润最大化为原则的，这势必会产生厂商与合作伙伴，尤其与顾客之间的矛盾，4P's很可能会激化这种矛盾。

（2）4P's不从顾客的需求出发，认为只要是好产品，就不存在卖不出去的问题，甚至出现这样的论调："只有卖不出去的价格，没有卖不出去的产品。"这种观念是不可取的，随着市场的成熟，产品的日益丰富，不按照顾客需求定位市场，厂商只会被市场淘汰。

（3）4P's的成本加利润法往往不被消费者所接受，因为消费者所承担的价格与之相差太远，而厂商并没有考虑消费者的利益。

（4）4P's的促销模式也主要是采用各种手段让消费者了解他的产品，从而有机会购买其产品。这种"请消费者注意，而不是请注意消费者"的引导思想往往使厂商投入了相当大的金钱与精力，却不一定有好的效果。

颠覆 4P's 理论框架的学说是什么？
——整合营销理论

整合营销理论是1978年由美国西北大学市场营销学教授舒尔茨提出来的。整合营销传播是指企业为了对消费者、员工、投资者、竞争对手等直接利害关系者和社区、大众媒体、政府、各种社会团体等间接利害关系者进行密切、有机的传播活动，以营销传播管理者为主体所展开的传播战略。

今天，在中国马路上行驶着不少奥迪车，奥迪品牌在中国也家喻户晓，许多消费者以拥有一辆奥迪汽车为荣。当然，这与奥迪"先入为主"、"进口+本土"的产品策略等诸多优势有关，然而其成功离不开奥迪全球理念下的整合营销策略。

在品牌宣传上，奥迪中国总部负责奥迪品牌形象传播事业，包括围绕品牌而开展的品牌塑造、品牌传播、公关企划等作业，这样保证一汽大众的A4、A6与"进口"A8在品牌方面保持良好统一性。奥迪营销的高超就在于奥迪能够围绕品牌这一重心，充分挖掘并整合企业内部和社会有效资源，并善于调动与支配这些社会资源，这是奥迪品牌成功实施整合营销传播的基础，更是把"营销就是传播"的整合营销理念演绎得淋漓尽致的前提保障。

整合营销的主要观点阐述如下：

（1）不要卖你所能制造的产品，而是卖那些顾客想购买的产品，真正重视消费者。

（2）暂不考虑定价策略，而去了解消费者要满足其需要与欲求所愿付出的成本。

（3）暂不考虑通路策略，应当思考如何给消费者方便以购得商品。

（4）暂不考虑怎样促销，而应当考虑怎样沟通。

从以上观点可以看出，整合营销是对4P's理论框架的进一步发展，而且是颠覆性的发展，很好地弥补了4P's理论框架与当今市场情形不相符的地方。

从制定营销策略的出发点来看，4P's理论是站在企业的角度来考虑："我能制造什么产品、我希望定什么价格、我有什么样的通路、我怎样促销"。而整合营销理论则要求营销策略的制定者完全站在消费者的角度来考虑"消费者想购买哪些产品、消费者愿意支付什么样的价格、怎样让消费者方便购买、怎样与消费者沟通"。

这些区别，体现了主流营销学理论框架的演化和进步过程。

请消费者注意还是注意消费者？
—— 4 C's 营销理论

随着市场竞争日趋激烈，媒介传播速度越来越快，以4P's 理论来指导企业营销实践已经不够用了，4P's 理论越来越受到挑战。到20世纪80年代，美国营销学家罗伯特·劳特朋（Robert Lauteerborn）针对4P's理论存在的问题提出了4C's营销理论：

（1）瞄准消费者需求（Consumer's need）。首先要了解、研究、分析消费者的需要与欲求，而不是先考虑企业能生产什么产品。

（2）消费者所愿意支付的成本（cost）。了解消费者满足需要与欲求愿意付出多少钱（成本），而不是先给产品定价，即向消费者要多少钱。

（3）消费者的便利性（convenience）。充分考虑顾客购物等交易过程如何给顾客方便，而不是先考虑销售渠道的选择和策略。

（4）与消费者沟通（communication）。以消费者为中心实施营销沟通是十分重要的，通过互动、沟通等方式，将企业内外营销要素不断进行整合，把顾客和企业双方的利益无形地结合在一起。

4C's营销有以下优点：

（1）瞄准消费者需求。只有探究到消费者真正的需求，并据此进行规划设计，才能确保项目的最终成功。

由于消费者的生活经历、受教育程度、工作性质、家庭结构、个人收入和审美情趣各不相同，每个人对商品品质需求的侧重点也大不相同，因此要了解并满足消费者的需求并非易事。4C's理论认为了解并满足消费者的需求不能仅表现在一时一处的热情，而应始终贯穿于产品开发的全过程。

（2）消费者所愿意支付的成本。消费者为满足其需求所愿意支付的成本包括：消费者因投资而必须承受的心理压力以及为化解或降低风险而耗费的时间、精力、金钱等诸多方面。

（3）消费者的便利性。咨询、销售人员是与消费者接触、沟通的一线主力。他们的服务心态、知识素养、信息掌握量、言语交流水平，对消费者的购买决策都有着重要影响，因此这批人要尽最大的可能为消费者提供方便。

（4）与消费者沟通。营销大战在很大程度上就是广告大战，广告与沟通的差别不只是说法不同，还有着创作思维基础上的本质区别。仔细审视各种广告就会发现，它们大多面貌相似，模式化、定式化趋势非常明显。不仅是广告文案、创意表现大同小异，就连报纸上的广告发布版面、日期选择都高度雷同。众所周知，广告的天职是创新，是树立个性，广告面貌雷同的结果必然是广告质量的低劣。造成这一现象的原因是厂商们都以"请消费者注意，而不是注意消费者"的4P's模式为出发点，广告创作的基础仍是对项目或产品的简单认识和创作人员的瞬间灵感，而不是对目标消费者的了解和对消费者心理的深刻洞察。

更重要的一点是企业在终端与客户沟通，它的形式多种多样，可以采用组建客户俱乐部、积分消费、参观企业、现场专家解答、幸运抽奖、产品征文等形式。多数企业往往是心血来潮、浅尝辄止，没有把它提到具有战略意义的高度去对待。作为一个品牌开发商则需要花很大的气力去进行上述的各种活动，其目的就是加强和客户的沟通，让客户对他们的品牌坚信不疑，然后再慢慢成倍地回收成本与利润。

美的集团长期以来的4C's营销实践取得了一些初步成效，在整个营销活动中，已不仅仅从竞争对手的行动出发，而是更多地从消费者的需求、成本、消费者便利和沟通四个方面来展开营销活动。

首先，美的集团将提高产品的性价比作为自己的核心方向，即"为家庭创造美好生活"的核心理念，始终考虑从消费者出发，为消费者提供"优质低价、物有所值"的产品。

例如：2003年5月，美的饮水机太空博士、数码博士和迷你博士系列产品全面降价，与2002年相比最高的降价幅度达70%，同时在全国范围内开展"百万重奖刮刮乐"促销活动，以分体式空调、时尚手表等礼品重奖幸运的消费者。美的饮水机此次降价的目的是要建立起一个饮水机产品优质低价的标准。简单地说，就是消费者花了多少钱，就要买回等值的饮水机。

消费者在选择时没有标准可循，只能凭着对产品外观的喜好以及对品牌的认知度决定。美的饮水机实际上想建立饮水机市场的优质低价标准，以便消费者在选购饮水机时参照，用合理的价格，购买功能实用的产品，最大限度保障自身的利益。

其次，4C's 理论要求促销活动更应坚持以消费者现实的和潜在的需求为导向，精心设计易为受众所接受的促销作品，选择适当的传播媒介，并注意传播过程中信息的双向沟通，既当传播者又当受众。以此促销，最终定能为消费者提供便利的指导。因此，美的集团在营销实践中，消费者会经常得到美的集团一些促销措施的优惠。不过这些促销活动，并不是家电业的一些厂家所实行的"不计成本"的"掠夺式"促销活动，而是秉承"为人民创造更多的美、为家庭创造美好生活"这个价值定位的实际体现。

再次，"购买的便利性"，其实也不与4P's 理论之一的"销售渠道"相对立，只是要求不仅是渠道的选择，而是包括经营的全过程、各环节均应给顾客的购买和消费带来便利。为此，美的集团营销平台中将"终端"提到一个前所未有的高度，甚至更广泛地说，凡是有产品消费者或是存在潜在消费者的地方，都有美的的终端和产品。

最后，值得一提的是，从前的那种高空轰炸式的广告策略，在4C's 理论中也要重新认识。沟通应该是全方位的，不应仅仅是广告的单向沟通，实际上"传播从终端开始"。美的也深知这点，美的的现场促销员、终端货物的摆放陈列都成为了与消费者沟通的窗口和重要的机会。

4C's 营销理论注重以消费者需求为导向，与市场导向的4P's 相比，4C's 有了很大的进步和发展。但从企业的营销实践和市场发展的趋势看，4C's 依然存在以下不足：

（1）4C's 是顾客导向，而市场经济要求的是竞争导向。顾客导向与市场竞争导向的本质区别是：前者看到的是新的顾客需求；后者不仅看到了需求，还更多地注意到了竞争对手，冷静分析自身在竞争中的优、劣势，并采取相应的策略，在竞争中求发展。

（2）随着4C's理论融入营销策略和行为中，经过一个时期的运作与发展，虽然会推动社会营销的发展和进步，但企业营销又会在新的层次上同一化，不同企业至多是个程度的差距问题，并不能形成营销个性或营销特色，不能形成营销优势，保证企业顾客份额的稳定性、积累性和发展性。

（3）4C's以顾客需求为导向，但顾客需求有个合理性问题。顾客总是希望质量好，价格低，特别是在价格上，要求是无止境的。只看到满足顾客需求的一面，企业必然付出更大的成本，久而久之，会影响企业的发展。所以从长远看，企业经营要遵循双赢的原则，这是4C's需要进一步解决的问题。

（4）4C's仍然没有体现既赢得客户，又长期地拥有客户的关系营销思想，没有解决满足顾客需求的操作性问题，如提供集成解决方案、快速反应等。

（5）4C's总体上虽是4P's的转化和发展，但被动适应顾客需求的色彩较浓。根据市场的发展，需要从更高层次以更有效的方式在企业与顾客之间建立起有别于传统的新型的主动性关系。如互动关系、双赢关系、关联关系等。

6P's 理论有什么实质性突破？
——大市场营销理论

1986年，菲利普·科特勒提出了"大市场营销"这一概念，提出了公司如何打进被保护市场的问题。一个公司可能有一个优质产品，一个完美的营销方案，但要进入某个特定地理区域时，可能会面临各种政治壁垒和公众舆论方面的障碍。当代的营销者越来越需要借助政治技巧和公共关系技巧，以便在全球市场有效地开展工作。大市场营销战略在4P's的基础上加上2P's，即权力（Power）和公共关系（Public Relations），从而把营销理论进一步扩展。

大市场营销不同于传统的市场营销战略，具体表现在以下几个方面。

1. 市场营销目标

在一般的市场营销情况下，对某一产品来说，市场已经存在，消费者了解这种产品，只是在不同品牌和不同供应商之间做选择。进入市场的公司要明确目标需求或消费群体，设计出适销对路的产品，建立分销网络，并要制订市场营销信息传递方案。而大市场营销者所面临的首要问题是如何打进市场，如果产品是新产品，他们还必须通过宣传教育来启发消费者新的需求和改变消费习惯。这与单纯地满足现有的需求相比，企业还要具备更多的技能，花费更多的时间。

2. 牵涉到的有关集团

常规的市场营销者与下述有关方面打交道：顾客、经销人、商人、广告代理商、市场调研公司，等等。而大市场营销牵涉的方面则更多：如立法机构、政府部门、政党、公共利益团体、工会、宗教机构，等等。

3. 市场营销手段

大市场营销除包括一般市场营销组合（4P's）外，还包括另外两个P：权力和公共关系。

（1）权力。大市场营销者为了进入某一市场并开展经营活动，必须能经常地得到具有影响力的企业高级职员、立法部门和政府部门的支持。比如，一个制药公司欲把一种新的药品打入某国，就必须获得该国卫生部的批准。因此，大市场营销需要有政治上的技能和策略。

（2）公共关系。如果权力是一个"推"的策略，那么公共关系则是一个"拉"的策略。舆论需要较长时间的努力才能起作用，然而，一旦舆论的力量增强了，它就能帮助公司去占领市场。

4. 诱导方式

营销人员应着重学会积极的诱导方式，用来说服有关方面给予合作，争取让有关方面都能给对方提供足够的利益来鼓励自愿的交换。

不过，大市场营销人员往往认为常规的诱导方式是不够的，对方如果提出超出合理范围的要求，或者根本不接受任何积极的诱导，那么公司可能不得不支出额外的付款，以加速对方的批准过程。

5. 期限

大多数产品的引进时期只有几年时间。但大市场营销战略的实施往往需要更长的时间，因为需要打开的大门太多了，而且，如果产品对公众来说是新产品的话，还需要做大量工作来对目标市场的消费进行指导和教育。

6. 投资成本

由于大市场营销的开拓工作需要很长时间的，而且需要支付额外款项以赢得各方的配合，因此投入的成本很高。

7. 参加的人员

市场营销问题一般是由产品经理处理，他凭借广告专家、市场研究人员及其他专业人员提供的服务来开展工作。但要处理大市场营销的问题就需要公司内外更多的专业人员参与其中，包括最高管理人员、律师、公共关系和公共事务的专业人员等。大市场营销的计划及其实施需要更多的人员参加，同时也需要进行更多的协调工作。

下面以中国白酒营销为例来阐释大市场营销战略。

中国的白酒产业是在20世纪90年代发展起来的。从1990年到1995年，中国白酒的产量从500万吨增加到800万吨。从地域上看，四川、贵州、山东、安徽等地占据了中国白酒生产的大部分。从1995年开始，白酒的产量开始下降，白酒企业进入严冬季节。其中亏损企业20%，微利企业80%，高利企业仅仅占1%。我国白酒陷入这样的困境，主要有以下几个原因：

（1）国家的产业政策不支持白酒行业的发展。2005年5月份，国家通过对白酒加收每斤5角钱的消费税进一步加剧了白酒产业的生存危机。

（2）消费者对啤酒、红酒的需求上升，消费者越来越追求健康、营养的消费观念，白酒的产品创新步伐跟不上消费者的需求，白酒的市场份额进一步缩小。

（3）白酒企业之间低级竞争不断升级，优胜劣汰的自然规律不断在发生作用。

白酒产业的背景资料显示，白酒企业所处的市场环境、政策因素、竞争环境以及社会文化因素已经发生了巨大的变化，面对这样一种局面，白酒企业应该如何从大市场营销战略的角度来确定企业的发展战略？

1. 设定大市场营销目标

常规市场营销观点认为，白酒的市场已经存在，消费者了解这种产品，只是在不同品牌和不同经销商之间作选择。企业所需要的只是明确目标需求或消费者群，并设计适当的产品，建立分销网络，制订广告方案。而白酒大市场营销目标的首要问题是如何在政策的限制下生产赢利的产品，如何面对啤酒、红酒的市场份额争夺创造更大的营销区隔，如何利用技术创新生产健康、环保的白酒新品，如何利用消费者的消费特点引导消费，创造消费等等。设定好大市场营销目标后，白酒企业所处的战略高度和常规市场营销战略的高度是不同的，企业运营的层次也完全不同。在这样的营销战略下，白酒企业进入了一个全新的市场空间和接近于零竞争状态。白酒企业可以根据大市场营销战略目标来确定企业的组织管理结构，确定品牌价值，确定产品定位以及相关的营销要素。如"中国劲酒"就是从传统白酒产业跳出来的一个典型。他们避开白酒产业内的竞争，从保健的角度来设定营销战略，引导消费，创造了优异的业绩。

2. 白酒大市场营销战略涉及的组织机构比常规市场营销所涉及的机构要多

白酒企业原来经常要打交道的是消费者、经销商、批发商、零售商、广告商、调查公司等。而大市场营销者要涉及更多的方面，包括白酒原材料供应商、立法机构、政府部门、政党、公共利益团体、工会、宗教组织、文化团体等。这些方面对白酒的营销有着深刻而又巨大的影响。例如××年的"王英状告白酒"案就是掀起白酒行业的轩然大波，众多的媒体关注、报道让白酒业陷入一个尴尬的处境。但是有一些企业勇敢地站出来为王英抱不平，并率先利用媒介的宣传效应发起"喝酒过量，有害健康"的危机公关活动，取得了巨大的成功。这就是白酒大市场营销战略运用的手段。大市场营销要求白酒企业必须把对社会团体、机构的资源调配、运用作为企业的战略，并且成为企业价值链的一部分，为营销贡献其力量。

3. 大市场营销战略的营销手段比常规营销手段更多，更丰富

除了品牌管理、促销、广告等手段外，大市场营销战略通常还采用行政关系动用、公关活动以及其他的手段来达标；运用物流管理来降低成本，运用信息管理、互联网来倾听市场的反馈，监控产品的销售。而白酒产业在营销手段方面显得十分单调和无能。

下面我们以"水井坊"酒的营销战略来具体阐述大市场营销战略的手段。

1. 考古发现的轰动效应

1998年底，全兴酒厂在进行酒车间改造时意外发现"水井坊"遗址，引起全兴集团领导层高度重视，经过考证，"水井坊"源自元末明初，迄今六百多年。2000年，"水井坊遗址"被成都市授予"四川省文物保护单位"，2000年5月，"水井坊"被国家文物局授予"1999全国十大考古发现"。考古发现的巨大新闻价值为"水井坊"的营销战略打下良好的基础，也为产品赋予了丰厚的历史文化价值。

2. 足球冠名的事件营销

2000年3月，全兴足球队以"水井坊"冠名，1 900万元的冠名费引起再次轰动。全兴球迷对于"水井坊"的来源十分陌生，更名风波激起轩然大波，媒介大量报道，街谈巷议不断，都是关于"水井坊"的新闻。最后，全兴集团宣布：顺应球迷要求，球队冠名为"四川全兴水井坊足球队"，"水井坊"名声大噪。

一般说来，公司运用大市场营销战略要通过以下三个步骤进行。

1. 探测权力结构

经营者必须首先了解目标市场的权力机构。权力机构主要有三种类型：

（1）金字塔结构。权力集中于统治阶层，它可以是一个人、一个家族、一家公司、一个行业或一个派系，中层是贯彻统治阶层意图的，下

层是执行者。

（2）派系权力结构。这是指在目标地区中有两个以上的集团（权力集团、施加压力的集团、特殊利益集团）勾心斗角。在这种环境下，公司必须决定与其中哪些集团合作。而一旦与某些集团结成联盟，往往会影响与其他派别的友好关系。

（3）联合权力结构。各权力集团组成临时联盟，公司必须通过与联盟合作才能达到目标，或者另组成一个对应的联盟来支持公司。

在弄清权力结构后，公司必须对各方实力进行评估对比，作出相应的决策。

2. 设计总体战略

在进入一个封闭型市场时，公司必须先了解到各集团中的反对者、中立者和同盟者。可供选择的总体战略有：

（1）补偿反对者所受损失，使之保持中立。应把对受害者的补偿包括在总成本内。

（2）将支持者组成一个联盟，以壮大自身的力量。

（3）把中立者变为同盟者。这需要对中立者施加影响和提供报酬。

另外，设计总体战略往往是与运用政府机构的权力联系起来的。

3. 制订实施方案

实施方案规定由谁负责哪些工作、何时完成、在哪里完成以及怎样完成。这些活动的顺序可按两种方式排列：线性排列法和多线性排列法

是7P's 营销理论？
——服务营销

早在20世纪70年代，当时全球经济在二次世界大战结束后的几十年中得到了飞速发展，人民生活水平不断提高，服务业由此也得到迅速发展。营销理论界对服务营销的特性开始予以越来越多的关注。

1981年，布姆斯和比特纳（Booms and Bitner）建议在传统市场营销理论4P's 理论框架的基础上增加三个"服务性的P"，即：人（People）、过程（Process）、物质环境（Physical Evidence）。7P's 的核心在于：

（1）揭示了员工的参与对整个营销活动的重要意义。企业员工是企业组织的主体，每个员工做的每件事都将是客户对企业服务感受的一部分，都将对企业的形象产生一定的影响。应让每个员工都积极主动地参与到企业的经营管理决策中来，真正发挥员工的主人翁地位。

（2）企业应关注在为用户提供服务时的全过程，通过双向沟通了解客户在此过程中的感受，使客户成为服务营销过程的参与者，从而及时改进自己的服务来满足客户的期望。企业营销也应重视内部各部门之间分工与合作过程的管理，因为营销是一个由各部门协作、全体员工共同参与的活动，而部门之间的有效分工与合作是营销活动实现的根本保证。

将服务营销作为一种各行业普遍适应的观念来提出在营销理论界尚未见有专著问世，但不少学者和企业家都认识到服务对企业长期发展和形成竞争优势至关重要，也提出了很多新的服务理念。近十几年出现的关系营销、整合营销、客户关系管理（CRM）等理论其核心也蕴涵着服务营销观念。在企业营销实践中以服务为导向而获得成功的企业也并不鲜见。

2003年海尔推出了服务新举措——海尔"全程管家365"，全国20 000名海尔家电"全程管家"一年365天为用户提供全天候上门服务。

海尔"全程管家365"的具体内容包括：售前上门设计；售中咨询导购送货到位；售后安装调试、电话回访、指导使用、征询用户意见并及时反馈到生产开发部门，不断提高产品的设计。另外，根据用户的预约为用户提供上门维护、保养等服务。

消费者只需拨打海尔24小时服务热线，即可预约海尔"全程管家"为消费者提供一站到位式的服务。海尔"全程管家365"这种深入人心、饱含亲情化星级服务的推出，不仅带动了同行业服务水平的提升，而且在国际上较好地树立了中国家电企业的新形象。

在中央电视台2003年12月的"对话"节目中，海尔的掌门人张瑞敏再次强调"我信奉的是：用户永远是对的"（"用户永远是对的"是一种观念，不是逻辑判断，所以不要去问：用户怎么可能永远是对的呢），"帮助用户成功就是企业的成功"，"海尔卖的不是产品，而是为用户提供某个方面服务的全面解决方案"，这就是最朴素的服务营销观念。

他是这么说的，也是这么做的。一直以来，海尔在他这种为用户真诚服务的观念影响下，从一个濒临倒闭的小国企成为今天国际知名的跨国公司。在美国，海尔为了针对学生市场生产一种小冰箱，多次到校园向学生咨询，了解他们的需求，推出了深受学生欢迎的课桌式冰箱、电脑桌式冰箱，一举占领美国小型冰箱市场的半壁江山。

希尔顿饭店是全球著名的跨国大公司，希尔顿本人也被誉为美国"旅馆大王"。有人询问希尔顿的经营诀窍，希尔顿的回答是："请你在离开我的希尔顿饭店时留下改进意见，当你再次光临我的饭店时就不再会有相同的意见——这就是我的经营诀窍。"成功的因素是多方面的，但好的服务意识已是企业获得成功必不可少的条件。

服务的个性化、差异化、有形化、标准化以及品牌化是服务营销必须考虑的五个基本要素。同样的道理，这也是服务营销策划的有效切入点。

1. 服务个性化

任何一种服务市场都有为数众多、分布广泛的服务需求者，由于影响人们需求的因素是多种多样的，服务需求具有明显的个性化和多样化特征。任何一个企业，无论其能力有多大，都无法全面满足不同市场的服务需求，都不可能对所有的服务购买者提供有效的服务。因此，每个企业在实施其服务营销战略时都需要把其服务市场或对象进行细分，在市场细分的基础上选定自己服务的目标市场，有针对性地开展营销组合策略，才能取得良好的营销效益。

2. 服务的差异化

服务差异化是企业面对较强的竞争对手而在服务内容、服务渠道和服务形象等方面采取有别于竞争对手而又突出自己特征，以战胜竞争对手，在服务市场立住脚跟的一种做法。服务差异化突出自己的优势，强调与竞争对手相区别。

3. 服务的有形化

服务有形化是指企业借助服务过程中的各种有形要素，把看不见摸不着的服务产品尽可能地实体化、有形化，让消费者感知到服务产品的存在、提高享用服务产品的利益过程。服务有形化可以从服务产品有形化、服务环境有形化、服务提供者的有形化（员工的素质、服务方式等）来实现。

4. 服务的标准化

由于服务产品不仅仅是靠服务人员，还往往要借助一定的技术设施和技术条件。技术设施的技术条件的利用为企业服务质量管理和服务的标准化生产提供了条件，企业应尽可能地把这部分技术性的常规工作标准化，以有效地促进企业服务质量的提高。

5.服务的品牌化

服务品牌是指企业用来区别于其他企业服务产品的名称、符号、象征或设计，它由服务品牌名称和展示品牌的标识语、颜色、图案、符号、制服、设备等可见性要素构成。创服务名牌，是服务企业提高规模经济效益的一项重要措施。因而，企业应注意服务品牌的研究，通过创名牌来树立自己独特的形象，以建立和巩固企业特殊的市场地位，在竞争中保持领先的优势。

卖的是产品的使用价值还是企业的价值？
——4V's 营销理论

4V's 是指涵盖"差异化（Variation）"、"功能化（Versatility）"、"附加价值（Value）"和"共鸣（Vibration）"的营销理论。具体而言，4V's 营销理论有如下一些主张。

1."差异化（Variation）"

商品的差异总是存在的，只是大小强弱不同而已。而差异化营销所追求的"差异"是产品的"不完全替代性"，即在产品功能、质量、服务、营销等方面，本企业为客户所提供的是部分对手不可替代的。

差异化营销一般分为产品差异化、市场差异化和形象差异化等三个方面。顾客是千差万别的，在个性化时代，这种差异更加显著。所以，有差异才能有市场，才能在强手如林的同行业竞争中立于不败之地。差异化营销正是迎合了这种需要。

所谓差异化营销就是企业凭借自身的技术优势和管理优势，生产出性能上、质量上优于市场上现有水平的产品，或是在销售方面，通过有特色的宣传活动、灵活的推销手段、周到的售后服务，在消费者心目中树立起不同一般的良好形象。

2. 功能化

是指根据消费者消费需求的不同，提供具有不同功能的系列化产品供给。一个企业的产品在顾客中的定位有三个层次：

一是核心功能，它是产品之所以存在的理由，主要由产品的基本功能构成。如手表是用来计时的，手机是用来移动通话的。二是延伸功能，即功能向纵深方向发展，如手机的储存功能、与电脑联通上网功能、股市行情反映功能，甚至于启动家庭智能电器等功能。它由"单功能—多功能—全功能"的方向向前发展。三是附加功能，如美学功能等。

总之，产品的功能越多其所对应的价格也越高（根据功价比原理），反之亦然。

功能弹性化是指根据消费者消费要求的不同，提供不同功能的系列化产品供给，增加一些功能就变成豪华奢侈品（或高档品），减掉一些功能就变成中、低档消费品。消费者根据自己的习惯与承受能力选择其具有相应功能的产品。20世纪八九十年代，日本许多企业盲目追求多功能或全功能，造成的功能虚靡，使功能缺乏弹性，而导致营销失败就是典型。

3. 附加价值化

目前，在世界顶尖企业之间的产品竞争已不仅仅局限于核心产品与形式产品，竞争优势已明显地保持在产品的第三个层次——附加价值，即更强调产品的高附加价值。

从当代企业产品的价值构成来分析，其价值包括基本价值与附加价值两个组成部分，前者是由生产和销售某产品所付出物化劳动和活劳动的消耗所决定，即产品价值构成中的"C＋V＋M"。后者则由技术附加、营销或服务附加和企业文化与品牌附加三部分所构成。

从当代发展趋势来分析，围绕产品物耗和社会必要劳动时间的活劳动消耗在价值构成中的比重将逐步下降；而高技术附加价值、品牌（含"名品"、"名人"、"名企"）或企业文化附加价值与营销附加价值在价值构成中的比重却在加大而且将进一步上升。目前，世界顶尖企业之间的产品竞争已不仅仅局限于核心产品与形式产品，竞争优势已明显地保持在产品的第三个层次——附加产品，即更强调产品的高附加价值。因而，当代营销新理念的重心在"附加价值化"。

为此应从三个角度入手：

（1）提高技术创新在产品中的附加值，把高技术含量充分体现在"价值提供"上，从技术创新走向价值创新。

（2）提高创新营销与服务在产品中的附加值。高附加值产品源于服务创新与营销新理念。许多企业已清楚地认识到，开启市场成功之门的关键就在于顾客满意，而针对于顾客满意的"价值提供"则更强调服务创新。服务创新能力不但是衡量企业能否实现消费者"价值最大化"的重要标志，而且也是衡量企业自身能否实现"利润最大化"的"预警器"。

（3）提高企业文化或品牌在产品中的附加值。在新世纪，消费者表面上看仍是购买企业产品的使用价值，实质上是购买企业的价值；表面上看是消费企业所提供的产品，实质上是消费企业的文化。因此才有了"海尔产品的价格不是产品价值，而是企业价值，以及由此导致的不轻易降价"一说，也因此才出现同样是杂交稻种，袁隆平的杂交稻种即使价格高些，人们也乐意购买的"名人"与"名品"效应。

4. 共鸣

是企业持续占领市场并保持竞争力的价值创新给消费者或客户所带来的"价值最大化"，以及由此所带来的企业的"利润最大化"，强调的是将企业的创新能力与消费者所珍视的价值联系起来，通过为消费者提供价值创新使其获得最大程度的满足，强调的是将企业的创新能力与消费者所珍视的价值联系起来，通过为消费者提供价值创新使其获得最大程度的满足。

消费者是追求"效用最大化"者。"效用最大化"要求企业必须从价值层次的角度为顾客提供具有最大价值创新的产品和服务，使其能够更多地体验到产品和服务的实际价值效用。这里所强调的价值效用，实质上就是消费者追求"要求满足"的一种期望价值和满意程度，是企业对消费者基于价值层面上的一种"价值提供"，这种"价值提供"构成了价值创新的核心内容。

因此，只有实现企业经营活动中各个构成要素的价值创新，才能最终实现消费者的"效用价值最大化"，而当消费者能稳定地得到这种"价值最大化"的满足之后，将不可避免地成为该企业的忠诚顾客，从而使企业与消费者之间产生共鸣。

"超级女声"在营销方面有哪些亮点？

——4 R's营销理论

21世纪初，美国唐·舒尔茨（Done Schuhz）提出了4R's营销新理论，4

R's主要包括：

Relations：关系

Retrenchment：节省

Relevancy：关联

Reward：报酬

4R's营销阐述了一个全新的营销四要素：

（1）与顾客建立关联。在竞争性市场中，顾客具有动态性。顾客忠诚度是变化的，他们会转移到其他企业。要提高顾客的忠诚度，赢得长期而稳定的市场，最重要的是在营销策略上通过某些有效的方式在业务、需求等方面与顾客建立关联，形成一种互动、互求、互需的关系，把顾客与企业联系在一起，这样就大大减少了顾客流失的可能性。

（2）提高市场反应速度。在相互影响的市场中，对经营者来说最现实的问题不在于如何控制、制订和实施计划，而在于如何站在顾客的角度及时地倾听顾客的希望、呼声和需求，并及时答复和迅速做出反应，满足顾客的需求。

（3）关系营销越来越重要了。根据营销大师菲利普·科特勒的研究证明，顾客关系营销是不可缺少的。顾客关系营销是通过不断改进企业与消费者的关系，实现顾客固定化的一种重要营销手段，但这并不意味着对每一位顾客都要实施关系营销。因此，必须对不同顾客（从一次性顾客到终生顾客之间的每一种顾客类型）的关系营销的深度、层次加以甄别，才不至于分散营销力量。

（4）回报是营销的源泉。对企业来说，市场营销的真正价值在于其为企业带来短期或长期的收入和利润的能力。一方面，追求回报是营销发展的动力；另一方面，回报是维持市场关系的必要条件。企业要满足客户需求，为客户提供价值，同时也要获取利润，因此，营销目标必须注重产出，注重企业在营销活动中的回报。一切营销活动都必须以给顾客及股东创造价值为目的。

4R's营销的作用主要表现在：

（1）4R's营销理论的最大特点是以竞争为导向，来弥补4C's营销的不足。主动地创造需求，运用优化和系统的思想去整合营销，通过关联、关系、反应等形式与客户形成独特的关系，把企业与客户联系在一起，形成竞争优势。

（2）4R's营销通过关联、关系和反应，提出了如何建立关系、长期拥有客户、保证长期利益的具体操作方式，这是一个很大的进步。

（3）由于4R's营销追求回报，企业必然实施低成本战略，充分考虑客户愿意付出的成本，实现成本的最小化，并在此基础上获得更多的市场份额，形成规模效益。这样，企业为顾客提供价值和追求回报相辅相成，相互促进，客观上达到的是一种双赢的效果。这是4P's营销和4C's营销所不及之处。

2005年夏天，湖南卫视与国内乳业巨头——蒙牛乳业，共同打造的"2005蒙牛酸酸乳超级女声"被炒得沸沸扬扬，成就同档节目收视之最。本质上，"超级女声"是多方面力量共同打造的一个娱乐节目，现在，也可以把"超级女声"作为一个产品，用4R's营销理论对其进行分析，从而透过一些零星的片段，寻找"超级女声"在营销策划方面的一些亮点。

1.Relevancy（关联）——把产品与最主要的购买动机相关联，通过独特的商品和专业的技能做到这一点

（1）使用独特的产品组合。

①产品名称——"超级女声"。

首先，单纯从"超级女声"这一产品名称来看，并没有多少新意。但"超级女声"的参与者与目标受众，主要是20世纪80年代后出生的新新人类。这一群新新人类创造的新兴语言，可能是其前代人无法相比的，比如"超级"、"帅呆了"、"酷毙了"等等。所以"超级女声"用目标受众

的语言与目标人群进行沟通，无疑达到了很好的传播效果。

②产品线的丰富与独特。

由于社会中不同性格的人具有不同的品位，因而也就产生了"公说公有理，婆说婆有理"的争论。"超级女声"打破了专家评委的桎梏，把评委的决定权下放给电视机前的观众，其通过广泛的参与性和独特的评选方式，将数千万人的观点完全限制在一个简单的手机短信投票机制中，产生了数万人的民意对决，并使受众为此表现出极大的热情和理性。

由于舞台上歌手的同质化，一味的俊男美女，使人们的审美出现了疲劳。而李宇春中性化的造型、独创的舞台动作、良好的舞台把控能力无疑为平日的歌坛注入了一股清新的风，同时也成为人们争议的一个焦点。总之，产品线的极大丰富让不同的观众都找到了自己感情的承载对象，也使观众日渐挑剔的视觉和听觉得到了满足。

③产品创新——利用深度互动与观众拉近距离。

电视节目的同质化，要求电视台必须生产新产品的呼声越来越强烈，电视台如果不能提供新产品与服务就意味着广告客户的流失，利润的减少。如何利用深度互动与观众拉近距离就成为电视节目创新的思路。湖南卫视的创新节目"超级女声"由此诞生。"超级女声"的创新主要体现在参与的广泛性、内容的多样性、资源的充足性、形式新颖、互动亲民等方面。

（2）树立专业形象。

为了树立一个专业的形象，也为了对资源进行市场化运作，把存量资源变为增量资源。湖南广电集团的决策者最终决定，以湖南娱乐频道的名义与北京天中文化共同成立了一个控股子公司——上海天娱传媒有限公司。天娱公司持有的品牌包括"超级女声"、"超级男声"、"星姐选举"。它负责品牌活动的全程运营，代理所有艺人相关产品的发行和制作。电视节目、艺人合约、唱片、图书、网络等项目，都是整个"超级女声"文化产业链中不可或缺的一部分。专业的艺人包装为湖南卫视打造了"零门槛"造星运动。从而充分调动了参赛者的积极性。

2.Relations（关系）——即与目标消费群体建立强大的关系

（1）完善的后续服务。

出于对品牌发展的长期考虑，天娱公司已经为"超级女声"进行了相关的商标注册，2004年"超级女声"比赛结束后，天娱公司就与"超级女声"总冠军安又琪签约。并在年底发行唱片。后续的艺人包装服务无疑是对参与者最有力的吸引。

（2）目标消费群体希望拥有独特的经历。

①体验灰姑娘的梦想之旅。

每一个女孩的心中都有一个梦想，梦想自己可以从"灰姑娘"变成"穿水晶鞋的公主"。湖南卫视"超级女声"只要求是女性，无任何限制的广泛参与性，调动了人们参与的积极性。也给了每位女性一个实现自己梦想的机会与舞台。纵然自己无法美梦成真，也可以从其他选手的表现中亲历灰姑娘穿上水晶鞋的整个过程。

②双向互动，广泛参与。

过去的电视娱乐节目对观众来说是单向灌输式的、欣赏式的，而"超级女声"打破了原有的选秀规则和程序，使这一节目变成广泛参与和双向互动的形式。

历来在人们的心中，评委一直是由那些名人、明星、或是高阅历、高资格的人员担当，而"超级女声"却让普通的你也有机会成为观众评委。不能做超级女声，还可以做观众评委，最起码也能用短信来支持一下你喜欢的那位"超女"。"超级女声"的低门槛、多种参与形式，几乎让每个人都可以找到自己情感的宣泄对象，从而让受众从节目的对立面融合到节目本身之中。

③选手胜负我来做主。

"产品要由市场来检验"，这是众所周知的真理。超级女声更把这条理论贯穿于整个节目的全过程。"超级女声"作为一个大众娱乐节目，把评判权交给观众，选手的成绩最终由观众发手机短信评判和定夺。这样的互动参与给了目标消费群体很大的积极性。因为人都需要被尊重和重视，特别是20世纪80年代后出生的新新人类，更注重自我的感觉。我、我们可以决定选手的命运。我可以用短信投票来支持我喜爱的"超级女声"，这种决定权给了电视机前的观众很高的积极性，也让他们感受到自己存在的重要，所以，许多观众不仅自己投票，还积极为选手拉票。

④戏剧性与真实性并存。

选手表演时的失误和插科打诨，评委的犀利评价、选手与评委间的对话让观众体会到生活中才有的戏剧性，从而也对节目有了更真实的感受。太多的娱乐节目只是把最美好的一面展现给观众，从而也拉开了节目和观众的距离。"阳春白雪"有时也就不免显得有点曲高和寡。

⑤无情竞争有情操作。

"超级女声"不全是比赛，还为人们展示了友情、真诚、勇敢、自信和宽容。一次次的"待定"与"PK"将竞争的残酷无限放大，同时又从友情的可贵中找回安慰。不仅如此，它还在最短的时间里教会新人一些基本的生存法则，并且把学习的全过程展示给观众。让人们了解一个普通的名字逐渐不再普通的全过程，极大地满足了人们的好奇心。

3. Retrenchment（节省）——去接近目标消费群，而不是诱使他们接近我们

（1）用高新技术去接近顾客。

近几年，通讯技术的发展催生了一个新的经济形态——拇指经济，"超级女声"充分利用这一高新技术制造了一个"短信评委"，从而使电

视这一传统单向的娱乐形式用最便捷的形式与观众产生互动。

（2）参与方便，无须多费周折。

"超级女声"报名无需费用，也没有其他条件限制（女性即可），只要带身份证填报名表格就可以参加。少了种种条件的限制，"零门槛"造星运动吸引了众多的参与者。

4. Reward（报酬）

（1）定位于年轻人：社会中的每个群体都有其独特的品位，其一般为最新的、最独特的、最复杂的东西。要了解你的顾客、知道他们最看重什么，然后找机会把你的品牌和他们相联系，直到你的标志能立刻让他想到他追求的个性和生活方式。

①目标客户群及其品位。

里斯特劳特在很多年以前就提出了著名的"定位"理论。"超级女声"的目标客户群体定位于20世纪80年代后出生的新新人类。因为音乐给人的感觉就是"年轻、青春、朝气、活力"，可以说年轻人是音乐的意见领袖，是音乐的风向标。中国传统的艺术瑰宝——戏曲，为什么不能和现代的流行歌曲相提并论？主要也是因为其无法带动年轻人。"超级女声"还通过年轻人来带动其他层次的受众。例如在"六进五"的比赛中，"超级女声"有一个小小的活动，让选手分别到幼儿园、敬老院、工厂等地方演唱，从而调动了从幼儿园的小孩到六七十岁的老人们的热情。一方面扩大了知名度，另一方面也增加了美誉度。

②广告语"想唱就唱"击中受众内心。

"超级女声，想唱就唱"这一广告语一方面反映了其目标消费群体，80年代后出生的新新人类以"自我"为中心的形象；另一方面也从侧面来暗示受众的广泛参与性，即不分年龄、大小、地区，只要你是女性，想唱就唱，深深击中了参与者与受众的内心。

（2）合理安排时间：这里的"时间"是指顾客获得和使用你的产品或

服务所需要的时间，时间战略意味着使用你的品牌的时间是值得的，有价值的、快乐的。

从海选开始的一轮轮选拔，"超级女声"的主办方就刻意拉长周期，不仅有利于赞助企业深入拓展市场，同时也回过头来帮助"超级女声"宣传了品牌形象，两者之间相互借力，达到了共同的传播目的。"超级女声"的播放还刻意安排在每周的周五。使人们都有时间来关注这一节目。而受众在等待的时间里，对下一期的节目和选手的表现也充满了期待。

从营销学的角度来看，"超级女声"带给我们太多的思考。总之，成功的营销策划应该由市场来检验，"阳春白雪"的宣传未必适合你的产品，"下里巴人"也未尝不可以尝试，最重要的是从人性出发，理解人性、尊重人性。

4P's营销理论站在企业的角度来思考问题，是营销的一个基础框架，4C's营销理论则是站在客户的角度来思考问题的，但是他们没有侧重从企业整体运作的角度看待问题，更没有侧重从营销的核心目的去分析问题，4P's营销和4C's营销都是对营销过程中重点元素的静态描述，没有从营销核心目的的角度出发将其表述为一个动态的过程。4R's则是两者综合提炼的结果，它满足营销的核心，而且是一个动态的过程。但是4R's不是取代4P's、4C's，而是在它们基础上进行的创新和发展，所以不可把三者割裂开来甚至对立起来。而要根据企业的实际，把三者结合起来，作为企业的营销模式，扬长避短，指导营销实践，唯有如此，才能在激烈的市场竞争中立于不败之地。不管是传统的4P's理论，还是后来提出的4C's理论，4R's理论，都只是为营销实践提供了有章可循的理论依据，在应用中仍然需要灵活和创新，才能充分发挥其作用。

为何西方企业也讲究"拉关系"？

——关系营销理论

很多人一谈到"关系"就觉得这是中国人的"陋习"，认为只有中国人喜欢"拉关系"、"搞人情"。这种认识是狭隘的。中国传统文化的很多糟粕是当代人要坚决摈弃的，例如宣扬"脸厚心黑"的权谋术就是有害的，但是中国人"肝胆相照、荣辱与共""先交朋友后做生意""一个篱笆三个桩""得道多助，失道寡助"的人际关系理念，却是传统文化的精华，是需要继承和发展的。这也是西方学者提出的"关系营销理论"的核心思想之一。

关系营销是自20世纪70年代起，由北欧的一些学者提出并发展起来的，以建立、维护、促进、改善、调整"关系"为核心，对传统的营销观念进行革新的理论。20世纪80年代以来，关系营销得到了更大的发展，在企业界得到了较为广泛的应用，在理论上也得到了更为深入的探讨，影响越来越大。并为营销学家克里斯丁·葛罗斯誉为"90年代及未来的营销理论"。

"关系营销"的内涵，可以阐释如下：

（1）关系营销是由许多管理"关系"的一系列活动所构成的一个社会性过程。

（2）关系营销的重点在于利益各方相互之间的交流，并形成一种稳定、相互信任的关系。

（3）关系营销的最终实现要靠产品或价值的成熟、顺利、高质量的交换。

（4）关系营销的一系列的活动都是为了达到一定的营销目标。

从实践意义上讲，关系营销已经完全突破简单的企业与消费者之间的关系这一点，延伸到供应商、中间商及其他与企业直接、间接联系的社会团体、政府职能部门及个人等各方面。

关系营销相比于传统的市场营销理论有较大区别，主要表现在：

（1）传统营销的核心是交易，企业通过诱使对方发生交易行为并从中获利；而关系营销的核心是关系，企业通过建立双方良好的互惠合作关系从中获利。

（2）传统营销的视野局限于目标市场上；而关系营销所涉及的范围则包括顾客、供应商、分销商、竞争对手、银行、政府及内部员工等。

（3）传统营销关心如何生产，如何获得顾客；而关系营销强调充分利用现有资源，强调保持现有顾客，因而其运行原则应该围绕"关系"展开，以求得关系各方面的协调发展。具体表现在：

主动沟通原则。在关系营销中，关系各方都应主动与其他关系方接触和联系，相互沟通消息，了解情况，形成制度或以合同形式定期或不定期碰头，相互交流各关系方需求和利益变化情况，主动为关系方服务或为关系方解决困难和问题，增强伙伴合作关系。

承诺信任原则。在关系营销中各关系方相互之间都应做出一系列书面或口头承诺，并以自己的行为履行诺言，才能赢得关系方的信任。

互惠原则。在与关系方交往过程中必须做到相互满足关系方的经济利益，并通过在公平、公正、公开的条件下进行成熟、高质量的产品或价值交换使关系方都能得到实惠。

关系营销理论对企业营销活动的指导作用集中体现在以下三个方面：

第一，建立并维持与顾客的良好关系，是企业营销活动成功的基本保证，因为顾客是企业生存和发展的基础。

第二，促进企业合作，共同开发市场机会。在当今市场竞争日趋激烈的形势下，过去的营销观念所强调的视竞争对手为仇敌，彼此势不两立的竞争原则已绝非上策。适当的企业合作（包括与供销商、中间商、竞争对手等企业的合作）更有利于企业目标的实现。通过各种横向或纵向的企业间的合作能巩固企业已有的市场地位，并依靠合作所产生的合力开辟新市场，顺利地进行多角化经营。从宏观的角度讲，能适度减少无效竞争，提高整个经济体的运行效率。

马狮公司是世界著名的，也是英国最大的零售集团，其盈利能力为世人所惊叹。在当今各大巨头企业都在谋求走多元化道路时，马狮公司坚持经营一种品牌，现在其唯一品牌"圣米高"在英美两国已是家喻户晓。而马狮公司更为人称道的是它的关系营销之道。

关系营销被西方舆论界视为"对传统营销理论的一次革命"。早在70多年前，马狮公司就已认识到关系营销的重要性并将其深入推行，以致《今日管理》杂志这样评论说："从来没有哪家企业能像马狮这样让顾客、供应商和竞争对手都心悦诚服。"马狮公司通过实施关系营销，使他们与顾客、供应商建立起了良好的长期合作关系。马狮公司的关系营销战略包括三大部分：第一，对顾客，以"满足真正需要"的方式建立与顾客的稳定关系；第二，对供应商，从"同谋共事"出发，建立合作关系；第三，对员工，以"真心关怀"为手段，培养良好关系。

第三，协调与政府及各种社会团体的关系，创造良好的营销环境。在处理与政府的关系上，企业应该持积极的态度，遵循国家有关法规，协助研究国家所面临的各种问题的解决方法和途径，保证企业营销的成功，同时有利于企业树立良好的公共关系形象，并通过与政府的密切合作获得很多直接或间接的利益。协调与本国政府或进入国政府的关系，获得他们的支持和帮助，对企业成功地展开国际市场营销具有十分重要的意义。尤其是国际贸易中保护主义回潮,各种壁垒严重阻碍了企业开拓国际市场,这时候企业如何协调与政府和各社会团体的关系也就更显重要。

面向21世纪智能时代的思想是什么?
——实时营销理论

实时营销是指根据特定消费者当前的个性需要,为其提供商品或服务,该商品或服务在被消费过程中可自动收集顾客信息,分析、了解消费者的偏好和习惯,自动调整产品或服务功能,实时地适应消费者变化着的需要。它是由美国多位著名学者于1998年下半年共同提出,是当前国际上最前沿的营销理论,是面向21世纪智能时代的营销理论。

荷兰的电子巨星飞利浦公司通过与消费者直接对话生产了一种儿童用品,不久便流行于欧洲市场。飞利浦公司分派产品设计人员、认知心理学家、社会学家等专家到意大利、法国、荷兰各社区去调查。他们不是进行问卷调查,而是与消费者(包括儿童)直接交谈,了解他们的意愿和需求。回到公司后,研究人员仔细阅读了各种设想报告,逐步筛选,最后选定了一种适用于儿童的新产品。调查人员带着生产出来的新产品又回到那些社区,向原来那些出主意的孩子展示这种新产品。

实时营销理论主要有以下四个特征:

(1)满足特定消费者当前的个性需要,适应客户需要的多样化和个性化。这一基本思想来源于20世纪90年代后期戴维斯(Davis)提出的定制营销概念（Mass Customization），并对其进行了进一步的发展。定制营销市场细分的目标市场中只有一个消费者，该消费者参与企业的生产过程，为企业提供其对产品的设计及具体要求，以便企业为其生产独一无二的适应其个性需要的产品。

（2）实时地满足消费者的未来需要。企业提供的产品或服务能够在消费过程中追踪消费者需要偏好与习惯的变化，自动调整服务功能以满足其未来需要。

（3）"顾客—— 产品"层信息反馈模式。在传统的关系营销中（Relations Marketing，1985年，巴巴拉·邦德），消费信息的反馈位于"顾客——公司"层，顾客把反馈信息传递给公司，公司据此对相关产品进行改进，再向顾客提供改进后的产品。在这个作用环中，关系是集中式的，是以公司为中心组织的。而在实时营销中，"关系"被分散到"顾客—— 产品"层上，每一件产品与其顾客之间构成了一个独立的关系系统。

（4）产品适应是在公司和消费者无意识的状态下完成的。信息反馈是自动的，不要求顾客输入需求信息，顾客无须对产品提出任何要求，也不需要修正产品中的资料信息，一切信息反馈是在顾客无意识的状态下完成的。产品功能的调整是自动的，不需要公司的介入。消费信息直接在产品内部的"情报系统"中传递、分析和描述，由产品中的微处理器等核心部件发出指令，指导产品各个部分适应环境和需要的变化。

消费者需要是现代营销活动的出发点，企业能否赢得市场取决于其产品（包括服务）能否满足消费者的需要。然而长期以来，营销理论界对消费者需要的研究主要采用静态分析法，而很少动态地去分析"消费者需要"。实时营销正是一种动态把握、动态适应消费者需要的营销理论。实时营销是全新的，它远远优于定制营销和关系营销的简单组合。在实时营销中，不断发展的个别顾客需要和偏好能得到实时满足，即在顾客的需要发生时就予以满足。实时营销改变了定制营销（通过说明顾客实时需要的独特性）和关系营销（通过在产品层而不是公司层明显或不明显的信息反馈链来满足那些动态变化的需要）。营销从业人员意识到与顾客的关系在产品层上可得到很好的管理，即在产品或服务内部建立联系，那么实时营销就成为了可能。

如何关心顾客的隐性需求？
——深度营销理论

深度营销，就是以企业和顾客之间的深度沟通、认同为目标，从关心人的显性需求转向关心人的隐性需求的一种新型的、互动的、更加人性化的营销新模式、新观念。

深度营销的导入流程

企业导入深度营销模式的一般流程是：

（1）选择容量大或发展潜力大，有相对优势的、适合精耕细作的目标市场。

（2）深入调查，建立区域市场数据库制定有效策略及完善的实施计划。

（3）强化区域营销管理平台，实现营销前、后台的整体协同。

（4）选择和确定核心客户，开发和建立覆盖区域零售终端网络，构建区域市场营销价值链。

（5）集中营销资源，提供综合服务和指导，不断深化关系和加大影响力。

（6）在取得经验和能力的基础上，及时组织滚动复制式的推广。

深度营销的特点

深度营销是以营销4P's为出发点，通过高效运用4C's、4R's理论，来取得市场综合竞争优势的营销战略。它具有如下特点：

（1）以整体竞争观作为根本点。深度营销体现更多的是企业的全局观，不是以牺牲企业整体利益来达到某一目标的短期行为，它更多地表现为持久、长期的企业战略规划。

（2）以建立战略区域市场为企业目标。随着市场竞争的加剧以及市场差异化的日益明显，深度营销更多地强调市场的区位优势，主张"集中兵力"，抢占制高点，建立市场防护壁垒，构建成熟市场与区域，以实现企业中长期利益。

（3）以全程控制作为市场发展的持久动力。深度营销有别于其他营销模式，它最大的特点，就是全方位、多角度地参与市场的开发、运作以及维护等，体现的是一种厂商的互动、沟通、协作，实现营销的全程控制与突破。

深度营销的适用对象

深度营销是通过有组织的努力，以构建企业主导的核心价值链，并以此提升客户关系价值以掌控网络和终端，滚动式培育与开发市场，从而取得市场综合竞争优势的营销战略。正是由于深度营销它所独具特色的市场魅力，因而被众多厂商所青睐并广泛采用。

但是不是所有的企业都适用深度营销这一营销模式呢？答案是否定的。深度营销由于它的立体、全面和深入性，因此，相应的它的运营成本、团队打造、营销管理都较之别的模式而显得复杂和多变，因此，它只适合于以下企业运用：

（1）成熟型的企业适合深度营销。成熟型的企业，由于品牌积累、资本流转以及市场运作的完善，因此，企业急需由深度分销向深度营销过

渡。通过深度营销，实现企业的规模型向效益型转变，从而达到企业的战略转型和营销方略的全方位突破。

（2）成长型的企业适合深度营销。成长型的企业由于网络、管理、资金等等方面的条件限制，要想全面突破、"全国山河一片红"，将变得不太现实，而企业过分的"拔苗助长"，推行"泡沫经济"，将会加速企业的衰败，因此，成长型的企业，适合深度营销。通过深度营销，成长型企业可以实施产品区隔、市场细分，有效整合资源，建立自己的"根据地"，以不断扩大自己的战略市场，通过建立区域强势品牌，从而实现以点带面，以面连片，达到"星星之火，可以燎原"之效果。

（3）高附加值企业适合深度营销。传统行业由于市场竞争的惨烈性，致使利润和操作空间越来越小，因此，深度营销更适合于高附加值的企业和产品。高附加值的企业由于拥有庞大的利润空间做支撑，因此，它可以通过深度营销，对市场精耕细作，培养自己的核心客户群，通过深度分销，强化终端，与市场建立紧密型的稳固关系，从而实现品牌忠诚度以及市场效益最大化的战略目标。

深度营销的战略战术

深度营销是一项综合性的战略战术，它讲求策略上的系统性、计划性和长期性，战术上的针对性、多元性和高效性。利用深度营销，更好地服务企业，从而实现企业的战略规划，是很多企业孜孜以求的目标。

那么，企业应该如何运用深度营销的战略战术组合，来打赢这场旷日持久的市场攻坚战呢？

（1）企业从单纯的产品营销，转向全方位营销。

（2）集中和整合企业资源，建立牢不可破的战略区域市场。

（3）建立市场联销体系，掌控渠道，实现多赢的合作伙伴关系。

（4）打造企业客户顾问，实现与经销商及顾客的深度沟通。

（5）实现与各级经销商全方位、互动式的沟通。

由世界品牌实验室（World Brand Lab）独家编制的2005年度"世界品牌500强"排行榜揭晓，海尔以排名第89位的突出表现，再一次引起全世界的瞩目。海尔几乎成了中国名牌产品的代名词。在中国诸多的企业当中，海尔为何会一枝独秀，而不断吸引世人的眼球，其实，这一切均与海尔的全方位的深度营销息息相关。海尔不仅独创了具有中国特色且符合中国国情的OEC（日事日毕，日清日高）、SST（索酬、索赔、跳闸）的管理模式，而且还通过"三位一体（设计、营销、生产本土化）"的市场策略，集中企业优势，更好地参与市场竞争。在此基础上，海尔还把深度营销延伸到多元化、全方位服务的层面：1998年，海尔开创性地提出星级式一条龙服务：其核心内容是从产品的设计、制造到购买，从上门设计到上门安装，从产品使用到回访服务，不断满足用户新的要求，并通过具体措施使开发、制造、售前、售中、售后、回访6个环节的服务制度化、规范化；1999年，海尔专业服务网络通过ISO 9000国际质量体系认证；2000年，星级服务进驻社区；2001年，海尔推出了无尘安装；2003年，海尔推出了全程管家365。海尔通过个性化的深度营销，提升了产品的核心价值，拉开了与竞争对手的市场距离，从而使海尔坚持打"价值战"而不打"价格战"，使自己的营销模式不断走向升级，从而具有了新的品牌内涵。

海尔为什么能够成为中国家电业的领头羊，从而跻身于世界家电业的十强呢？原因是，海尔在不断强化产品质量的同时，不断推出新的营销内容，把深度营销提到了企业营销战略的高度上来，这就是海尔走得更快、更远的根本原因。

通过"三位一体"，海尔获得了区位优势与成本优势，而通过OEC、SST管理模式及深度营销，实现了营销与管理的全程控制以及用户与厂家的面对面的互动沟通，提高了二次购买频率，并通过口碑相传的传播效果，树立了良好的美誉度、信誉度，并以此作为参与竞争的"有力武器"，避开了价格战的误区，从而实现了企业与品牌的同步升级和良性发展。

又如，20世纪90年代，微波炉作为一种新生事物还未被人们所广泛认可。就在整个行业都用价格战、广告战、渠道战争夺市场份额的时候，格兰仕却另辟蹊径，通过"明修栈道，暗度陈仓"，掀起了一场深度营销的市场"革命"。具体表现在：①在全国各地开展大规模的微波炉知识推广普及活动，大力宣传微波炉；②组织大批专家，花费一年时间，编写了世界上微波炉食谱最多、最全的《微波炉使用大全及美食900例》，连同《如何选购微波炉》、《如何保养微波炉》等小册子组成系列丛书，在全国各大商场开展赠书活动，并印制几百万张微波炉菜谱光碟免费送给消费者。

同时，格兰仕在全国各地众多家报刊上以特约专栏的形式开设了"微波炉使用指南"、"专家谈微波炉"等栏目，全面介绍微波炉的功能和选择、使用、维护、保养方法，格兰仕通过不遗余力地介绍微波炉的基本知识，实现与消费者零距离接触，加深了与消费者的互动沟通与交流，大大推动了微波炉的市场消费，使得微波炉这一产品观念深深地留在消费者心中，并且产生了购买微波炉的欲望。格兰仕不仅通过深度营销创建了市场，而且在2002年奠定了品牌地位以后，更是把深度营销发挥到了极致，不仅开展现场演示等一对一营销、面对面的沟通与交流，而且还让高级技术人员、广东卫生监测中心参与其中，提升推广的深度与规格，在1 000多家著名商场上演了一场知识促销活动，实现了产品及品牌双向升级。

格兰仕以深度营销为龙头的营销体系，让其取得了巨大的成功，并产生了令人意想不到的消费热潮，当年，格兰仕即在全球市场销售了300多万台，使其成为微波炉行业里的佼佼者。

深度营销是市场深度竞争的产物，同时也是市场经济日益深化的具体表现，是顺应经济潮流，迎合行业发展的深层次的市场需要。无论是制造商，还是经销商，只有认清趋势，把握市场的脉搏，时刻倾听时代的声音，才能在市场经济的洪流中，勇立潮头，从而占据不败之地。

以顾客为导向还是以市场为导向？
——一对一营销理论

一对一营销是一种面向极少数或个人的营销方式，就是说在开展营销活动时一次只专注于一个客户，只针对高度专门化的市场或个人信息和媒体的处理，而不是通过到潜在的客户市场进行抽样调查的方式来决定一般客户的市场需求。一对一营销的四个基本步骤是：识别、区分、交流和订制。

在日常生活中，我们经常听到国内的企业家们"不惜一切代价，也要占领市场"的言论，而实际上单纯强调市场份额的观念早已过时了，一对一战略简单地说就是企业需要转换观念，把以往的以市场为导向转变为以顾客为导向的战略布局。使企业的经营战略重心侧重于顾客份额而非仅仅是市场份额。

因为市场观念只是相对的。无论何时，市场竞争决定了一旦某个市场有利可图，必然就会有跟进者随后而至。而且，在一个竞争激烈的市场，顾客随时可以用脚投票。所以，单纯基于市场份额的战略很大程度上只能导致价格大战，除此之外别无选择。

一对一营销主要表现在如下几方面。

1. 与顾客一对一的沟通交流

思科公司专门与市场渠道成员建立了内部的互动沟通的平台，每个渠

道成员都可以和思科总部链接，他们可以随时进入网络系统，读取最新信息，反馈意见、提出建议、要求、叫苦等，他们还可以通过网络与其他同是思科渠道成员的商家沟通交流，交换信息。思科公司会根据渠道成员的反馈调整合作策略，努力实现与渠道成员的"无缝对接"关系，有效地推动市场的拓展。

与渠道成员沟通交流相比，企业与最终顾客的沟通交流就显得面积更大，沟通的接触点更多了，企业就必须通过多种方式尽可能地挖掘企业的产品、服务、广告宣传路径中与顾客的接触点，在一些重要的接触点上设置与顾客的反馈沟通的装置。

沃尔玛零售连锁店在收银台设置顾客购买资料录入器，对顾客购买商品的数量、品种、购买频率、购买时间等都进行录入，而且在卖场里设置了顾客意见簿和建议反馈记录，并派专人进行搜集整理和分析，了解顾客的需求变化。例如发现该商圈的顾客群体家庭子女已经从5年前满巢时的全家聚居，变成了儿女们纷纷自立，并在本区域或者周边有沃尔玛连锁店的区域租买房屋独自生活时，沃尔玛就可能会在店内增加家庭用品如厨具等的货量和品种，以满足这些因分家自立的新家庭的需求，并且会根据这个消费群体的特征开展一些促销的活动，以吸引他们的光顾，培养他们的忠诚度。

2. 一对一定做产品和服务

著名的李维斯牛仔服，顾客来到商店里选购款式和布料，然后现场的售货员会为你量尺寸，并立即输入电脑数据库，这个数据库与李维斯的设计部门、工厂和市场营销及客户服务部门紧密连接，你只需坐等片刻，或者是第二天即可取货，无论是大小、尺寸、款式风格都如你所愿。甚至会应你的要求在领口或袖口绣上你的尊姓大名或者其他你喜欢的图案。其实李维斯也并非就真的为每一个顾客都单独制造，就如我们前面所说的那样，工厂会按照各种尺寸、款式、风格制造出大批的模块，接到前方的顾客数据之后，在现场拼接即可。而顾客获得的感受就不一样了，因为"你是专门为我生产的"。

3. 一对一的销售组织

拿房地产销售举例来说，根据顾客对企业的贡献度就可将顾客群体分为MVC，MCC，BZ等三个级别的群体。

其中，MVC是最有价值的顾客群体，也就是目前购买商品最多的群体，譬如35～50岁的私营企业老板、小业主等。而MCC既是最具增长潜力的顾客群体，譬如25～35岁的年轻白领、创业者，这个群体的业务潜力还没有完全发挥出来，一旦发挥出潜力，将会非常巨大。比如当他们对于信贷消费的接受程度很高的时候，或者宏观经济复苏，他们的收入大幅度提高时。其他则为BZ，即负值顾客群体，这个群体某种程度能得到很好的服务，但目前和潜在的回报率都较小。依照产品特性，我们也可以根据顾客群体购买产品的种类不同或者地域及风俗的不同来进行划分，据此来组建一对一的销售组织队伍，制定不同的销售政策和回报计划。

4. 一对一的顾客服务

一对一的顾客服务往往集中在销售的终端，绝对不仅仅是卖场服务那么简单，还包括了促销场所、仓库出货、送货上门、上门维修、电话咨询等许多接触点的服务，而实施一对一服务的对象也是根据不同的顾客群体对于企业的贡献度来划分的，如同我们前面所划分的顾客群体MVC/ MCC/ BZ一样，对于贡献度大的顾客群体给予多一些的服务是理所当然的。

与传统的营销方式相比，一对一营销主要具有以下优点：

（1）能极大地满足消费者的个性化需求，提高企业的竞争力。

（2）以销定产，减少了库存积压。传统的营销模式中，企业通过追求规模经济，努力降低单位产品的成本和扩大产量，来实现利润最大化。这在卖方市场中当然是很有竞争力的。但随着买方市场的形成，这种大规模的生产产品品种的雷同，必然导致产品的滞销和积压，造成资源的闲置和浪费，一对一营销则很好地避免了这一点。因为这时企业是根据顾客的实际订单来生产，真正实现了以需定产，因而几乎没有库存积压，这大大加快了企业资金的周转速度，同时也减少了社会资源的浪费。

（3）有利于促进企业的不断发展，创新是企业永保活力的重要因素。创新必须与市场及顾客的需求相结合，否则将不利于企业的竞争与发展。传统的营销模式中，企业的研发人员通过市场调查与分析来挖掘新的市场需求，继而推出新产品。这种方法受研究人员能力的制约，很容易被错误的调查结果所误导。

而在一对一营销中，顾客可直接参与产品的设计，企业也根据顾客的意见直接改进产品，从而达到产品，技术上的创新，并能始终与顾客的需求保持一致，从而促进企业的不断发展。

第2章

[营销战略课]

19世纪70年代为何肯德基兵败香港？

——市场营销环境

制定营销战略，离不开营销环境的分析。市场营销环境是指影响企业营销活动的外部因素和条件。主要包括：

（1）政治环境，如国际国内政治局势，国家的各项政策等；

（2）社会经济环境，包括生产力水平、国民收入、经济结构、产业结构、消费结构、人口总数、人口构成、性别构成、年龄构成、职业构成、民族构成、人口密度，人口地理分布、家庭状况等；

（3）文化环境，包括文化水准，生活方式，宗教信仰、行为规范、民族差别、风俗习惯、价值观念、审美观念等；

（4）技术环境，包括科学技术的发展水平及应用状况；

（5）竞争环境，包括行业壁垒、行业密度、产品差异、市场竞争状况等；

（6）法律环境，包括各项法规、条例、条令、规章、经济立法、经济司法等。

市场营销环境的主要特点是：

（1）不可控性。构成市场营销环境的诸因素是企业外部因素，什么时候变化，如何变化，企业不能控制，只能适应它，因势利导，趋利避害。在通常情况下，企业可以通过调整内部的可控因素与利用外部不可控因素来适应。

（2）多变性。市场营销环境诸因素是复杂的动态系列，处于激烈的动荡和变化之中，某一因素变化又会带动其他因素相互变化，诸因素之间相互影响，相互制约，又形成新的营销环境。市场营销环境是企业开展营销活动的基本阵地，既可以为企业创造有利的营销机会，又能带来不利的营销风险，对营销活动的成败有重大影响。企业必须重视对市场营销环境的研究，随时修改营销计划、营销组合、营销策略，使之与其变化相适应、相协调，提高应变能力，增强竞争能力，利用有利因素，避开不利因素，保证营销活动顺利进行，提高营销效益，多创利润。

商海沉浮，世事难料。1973年9月，香港市场的肯德基公司突然宣布多家家乡鸡快餐店停业，只剩下四间还在勉强支撑。到1975年2月，首批进入香港的美国肯德基连锁店集团几乎全军覆没。

为了取得肯德基家乡鸡首次在香港推出的成功，肯德基公司配合了声势浩大的宣传攻势，在新闻媒体上大做广告，采用该公司的世界性宣传口号"好味道舔手指"。

凭着广告攻势和新鲜劲儿，肯德基家乡鸡还是火红了一阵子，很多人都乐于一试，一时间也门庭若市。可惜好景不长，3个月后，就"门前冷落车马稀"了。

在世界各地拥有数千家连锁店的肯德基为什么唯独在香港地区遭受如此厄运呢？经过认真总结经验教训，发现是中国人固有的文化环境决定了肯德基的惨败。

首先，在世界其他地方行得通的广告词"好味道舔手指"在中国人的观念里不容易被接受。舔手指被视为肮脏的行为，味道再好也不会去舔手指。人们甚至对这种广告起了反感。

其次，家乡鸡的味道和价格不容易被接受。鸡是采用当地鸡种，但其喂养方式仍是美国式的。用鱼肉喂养出来的鸡破坏了中国鸡的特有口味。另外家乡鸡的价格对于一般市民来说还有点承受不了，因而抑制了需求量。

此外，美国式服务难以吸引回头客。在美国，顾客一般是驾车到快餐店，买了食物回家吃。因此，在店内是通常不设座的。而中国人通常喜欢一群人或三三两两在店内边吃边聊，不设座位的服务方式难寻回头客。

10年后，肯德基带着对中国文化的一定了解卷土重来，并大幅度调整了营销策略。广告宣传方面低调，市场定价符合当地消费，市场定位于16岁至39岁之间的人。1986年，肯德基家乡鸡新老分店的总数在香港为716家，占世界各地分店总数的十分之一强，成为香港快餐业中，与麦当劳、汉堡王、必胜客并称四大快餐连锁店。

肯德基在香港市场上的沉浮深刻地说明了：市场营销环境犹如一匹烈马，只有了解它才能更好地驾驭它。

企业市场营销环境包括微观环境和宏观环境。微观环境是指对企业服务其顾客的能力构成直接影响的各种力量，包括企业本身及其市场营销渠道企业、市场、竞争者和各种公众，这些都会影响企业为其目标市场服务的能力。

为何贸易纠纷此起彼伏？
——市场规则

市场规则是指规范市场活动参与者的身份、行为及其相互关系的准则。好的市场规则是指保护优者，淘汰劣者，优质高价，劣质低价的市场游戏规则。

1995年5月16日，美国政府单方面宣布，根据美国1974年贸易法301节、304节，将对来自日本的豪华轿车征收100%的关税。原因是日本车占有美国市场1/4的份额，而美国车仅占有日本市场1.5%的份额。1993年7月，日本虽然同意谈判解决汽车市场的开放问题，但实际上却拒绝与美国进入谈判程序。因此美国采用这样的措施，要求日本向世界汽车商开放市场，而且要求日本市场应该具有相应的透明度和竞争性。

出于对美国单边报复制度的不满，1998年11月25日，欧盟根据WTO规定起诉了美国，认为"301条款"与WTO的相应规定不符，造成了欧盟利益丧失或受损，也损害了关税及贸易总协定和世界贸易组织的目标。裁决专家组最终裁决，美国不可以在世贸组织争端解决机构作出决定之前单方面确定制裁措施，但"301条款"并不违反世界贸易组织和关税及贸易总协定的有关规定。这一裁决，使得美国事实上仍然可以运用"301条款"对其他国家实行贸易制裁和威胁，尤其是对世贸组织的非成员国进行单方的制裁。

市场规则主要内容包括：

（1）规范市场主体的法律。主要用来规范一切实施盈利行为的自然人和法人。由各种组织法来实现，如公司法、企业法、破产法等。

（2）规范市场竞争，保障市场经济秩序的法律。主要规定盈利行为的范围，合法与非法的界线，以鼓励正当竞争，禁止不正当竞争和非法牟利。它包括契约法、证券法、票据法、银行法、保险法、商法、海商法、会计法、审计法、商标法、公司登记法、广告法、专利法、反不正当竞争法等。

（3）规范政府行为的法律。包括计划法、预算法、政府投资法、国有资产管理法、中央银行法、税法等。

（4）涉外经济法律。包括外贸法、外国投资法、外国银行管理法、反倾销法、外汇管理法、国际商法及各种国际惯例，国际公约等。

市场规则的制定者是政府，制定法律是市场经济下政府的最基本作用之一。对市场规则的基本要求是：规则的系统性，即规则必须是系统配套的，是一个相互联系的大系统，大系统内部具体规则必须互相一致，不得互相抵触、互相矛盾；规则制定和解释者的一致性，指避免政出多门，多重解释；规则的严密性，指一条严密的规则不应是能从多方面解释的。对市场规则的上述要求，主要是为了防止规则的自相矛盾带来的混乱及钻规则的空子，以提高市场规则的权威性。

如何在市场里找钱？
——市场细分

市场细分的概念是美国市场学家温德尔·史密斯于20世纪50年代中期提出来的。所谓市场细分就是企业按照影响市场上购买者的欲望和需要，购买习惯和行为等诸因素，把整个市场细分为若干对不同的产品产生需求的市场部分或亚市场，其中任何一个市场部分或亚市场都是一个有相似的欲望和需要的购买者群，都可能被选为企业的目标市场。

美国学者伊·杰·麦卡锡（E.J.Mccarthy）所提出的一套逻辑性强，粗略直观却很有实用价值的市场细分程序。其程序具体表述为：

（1）依据需求选定产品市场范围。

（2）列出潜在顾客的基本需求。

（3）分析潜在顾客的不同需求。

（4）移去潜在顾客的共同需求。

（5）为分市场分别取名。

（6）进一步认识各分市场的特点。

（7）测量各分市场的大小。

进入2003年，熟悉乳业、关注乳业的人都看到：中国乳业整体再次骤然升温，新一轮竞争在加剧，同时也意味着中国乳品行业的洗牌拉开了序幕。在这样一个行业大背景下，一直在干粉行业滋润生长的"中国核桃大王"——四川智强集团，也悄然进入乳业。

作为乳业新军，智强集团拥有一定的资金与网络实力，但与"光明"、"伊利"等行业巨头相比，显然是不占优势的；与各区域的乳品"诸侯"相比，也不占据"鲜"与"廉"的优势。于是，似乎只有一条路可以选择，那就是细分市场进行差异化经营。

智强集团多年积累起来的品牌影响与"中国核桃大王"的专业形象是介入液态奶领域的最大筹码，于是，"立足核桃，做透核桃"也成了进入乳业争胜的重要前提。因而，智强乳品的初期定位就是"做乳品企业里的专业户"（即：液态奶企业里专门致力于"活脑核桃奶"的专家）。

智强乳品采取目标集中的策略，把10余年来在核桃营养领域专项开发和核桃深加工方面的优势，嫁接到核桃奶单项产品的研发上来，在细分市场和细分产品中不是把它仅仅当作一个品种来经营，而是把它当作一个品类来经营，这样的做法在液态奶领域至今还没有先例可循。

市场细分有利于企业特别是处于创业阶段的企业发现最好的市场机会，发展自己的产品，提高市场占有率。因为企业通过市场营销研究和市场细分，可以了解各个不同的购买者群的需要情况和目前满足的程度，从而发现哪些顾客群的需要没有得到满足或没有被充分满足。在满足水平较低的市场部分，就可能存在着最好的市场机会。

市场细分是企业发现商机，发展市场营销战略，提高市场占有率的有力手段。还应看到，市场细分对小企业特别重要。因为小企业一般资金少，资源薄弱，在整个市场或较大的亚市场上竞争不过大公司。小企业通过市场营销研究和市场细分，就可以发现某些未被满足的需要，找到力所能及的良机，见缝插针，拾遗补缺，使自己在日益激烈的竞争中能够生存和发展。

市场细分还可以使企业使用最少的经营费用取得最大的经营效益。这是由前面的优点决定的。因为企业通过市场细分，选择目标市场，就可以有的放矢地采取适当的市场营销措施，比如：

（1）企业可以按照目标市场需要变化，及时地、正确地调整产品结构，使其产品适销对路；

（2）企业可以相应地、正确地调整和安排分销渠道、广告宣传等，使产品能顺利地、迅速地送到目标市场；

（3）企业还可以集中使用人力、物力、财力，使有限的资源集中使用在"刀刃"上，从而以最少的经营费用取得最大的经营效益。

有专家称："市场细分就是在市场里找钱。"此言恰如其分。

怎样抓住市场细分的机遇？
——目标市场选择

市场是由不同的子市场组成的，子市场还分裂构成更多、更细的子市场。这是市场发展的趋势，就像一个人必须知道自己的人生目标是什么，从而完成人生定位一样，企业营销也必须清晰自己的目标市场，从而制定有针对性的策略。

刚刚开始时，一个市场只有一个类型，随着市场的成熟和竞争的加剧，单一类型的市场就会分化为若干部分，形成细分市场。

细分后的每一个市场类型都是相对独立的、不同的。每一个市场类型都有它存在的理由，也有自己的市场领袖，常常这个领袖与初始时的市场领袖不同。例如IBM曾经是商用笔记本电脑的领袖，但是现在却完全退出了这个领域，把整块业务卖给了后起之秀联想集团。

但是很多公司却错误地认为市场的长远趋势是合并，而不是细分。这种观点会产生错误的行为。从长远看，市场只有细分，没有合并。

看一看金融服务市场。如果市场的长远趋势是合并的话，那么在将来我们将不会再看到银行、保险、证券、经纪人或者抵押商店。我们将看到的是金融服务公司，该公司将满足人们的一切金融服务需求。但这是不会发生的。

为了保证自己在新出现的类型的市场上占据主导地位，你应该为该类型的市场新创一个品牌，就像海尔的电器、奥迪的汽车一样。

海尔冰箱拥有小王子、金王子、双王子等多个品牌，分别占领小冰箱、大冰箱、双开门冰箱三个细分市场。

奥迪汽车也拥有A4、A6、A8、Q5、Q7等多个品牌，以分别占领运动型轿车、商务轿车、豪华轿车、中型越野车、豪华越野车的细分市场。否则，你就会导致错误。

目标市场选择的根本在于抓住一个新的细分市场，并在这一市场推出自己的品牌，满足该市场顾客群之需，并确保品牌成为领先者。

如何做好目标市场选择呢？

（1）找准市场定位，摆脱同质化。不要错误地认为，一味地跟进"第一"永远是正确的，在比附营销中，我们谈到要借助第一的影响力使自己的品牌生辉，但这个概念与跟进无关，即使是蒙牛也仍然在不断地创新，不断地推出新的产品。

（2）确定品牌独特的形象，突出自身的特色。个性消费时代，突出自身特色的产品往往能够胜出。你可以在营销宣传上保持你的比附策略，但在产品自身的属性上，突出自身特色是必需的。

（3）瞄准目标市场，营销手段多样化。针对每一个目标市场，你需要采取不同的营销方式。要想领先，你就必须确保持续的营销投入，而且必须是准确的，能够切中要害的营销手段才能够占领优势地位。

在一定程度上说，目标市场选择就是"市场细分→找到一个目标市场→进入该目标市场→独占该目标市场→寻找新的目标市场"这样一个不断循环深化的过程。市场永远在不断地细分，唯有主动进行市场细分发现目标市场者，方能不断地在一个又一个领域成为领先者。

怎样找准企业和产品的位置？
——市场定位

树立企业的市场形象，确定企业在市场上的位置，是企业一项战略性工作。每个企业在消费者心目中都具有各自的形象，在市场上都占有一定的位置。它是消费者对企业总体营销活动的综合评价和整体印象，影响甚至决定着企业营销活动的成败。成功的定位，可以有效地促进销售；反之，会阻碍销售。

市场定位的主要形式有：

（1）高定位，即树立为高收入消费者服务的形象，选择高收入消费者为企业的目标市场；

（2）中定位，即树立为中等收入消费者服务的形象，选择中等收入消费者为企业的目标市场；

（3）低定位，即树立为低收入消费者服务的形象，选择低收入消费者为企业的目标市场。

市场定位理论的主要内容有：

（1）产品定位，即树立企业产品的市场形象，是高质产品，中档产品，还是低档大众化产品。

（2）价格定位，即树立企业价格的市场形象。是高价、中等价、还是低价；是灵活多变，还是呆滞不变。

（3）分销渠道定位。即树立企业分销渠道的市场形象。是选择高级商店销售商品，还是选择大众化商店销售商品。

（4）促销定位，即树立企业促销的市场形象。是利用广告、人员推销、营业推广，公共关系或其他特种促销方法，还是综合运用各种促销措施。企业进行市场定位时应综合考虑企业实力、目标市场特性、市场需求及产品特点等因素，为企业寻找适当位置。在通常情况下，企业应寻求实力相当的竞争对手，选择可以占领的目标市场，以求获得一定的市场占有率。

企业在选定了市场定位目标后，如定位不准确或虽然开始定位得当，但市场情况发生变化后，如：遇到竞争者定位于本企业附近，侵占了本企业部分市场，或由于某种原因使消费者或用户的偏好发生变化，转移到竞争者方面时，就应考虑重新定位。重新定位是以退为进的策略，目的是为了实施更有效的定位。

例如，生产"康师傅"方便面的顶益集团，就是在经过几次重新定位后才确定了现在的最佳定位—— 生产一种合乎大众口味的、价格适中的方便食品，并获得了极大的成功。再如，中铁建昆明机械厂（其前身是铁兵某汽车修配厂）1994年兵转民后没有计划指标只能自己闯市场。该厂先后将其产品定位于汽车修配、摩托车制造、电火锅等，因定位不准确，均告失败，必须重新定位。经过市场调研，1996年开始把产品定位于路内工务器材市场，生产铁路小型捣固机，正确的定位，使企业有了生机，但因该产品技术附加值低，竞争对手很快进入，产品销量下降，即竞争者与本企业定位相同并侵占了本企业部分市场，因此，仍需重新定位。根据市场竞争及其需求状况，该企业将其产品定位于高技术附加值的工务产品，不断增加其产品的技术含量，研制生产的大型抄平回填多功能捣固机终于占领了路内捣固机市场，该产品目前在国内技术最先进，竞争对手难以进入。在铁道部与世界银行共同招投标中击败所有竞争对手，获得世行贷款，使企业具备更大的竞争优势。

综上所述，市场定位是设计企业产品和形象的行为，以便使目标市场的消费群体知道企业相对于竞争对手的地位。市场定位准确，能给企业带来巨大的经济效益和广阔的发展前途；反之，市场定位不准确，则会使企业蒙受巨大的经济损失。因此，企业在进行市场定位时，应慎之又慎，通过反复比较和调查研究，找出最合理的突破口。一旦建立了理想的定位，企业必须通过一致的表现与沟通来维持此定位，并应经常加以监测以随时适应目标顾客和竞争者策略的改变。

为何不让试穿的服装店永远没有生意？

——体验营销战略

体验营销是1998年美国战略地平线LLP公司的两位创始人B—josephpineⅡ和James Hgilmore提出的。他们对体验营销的定义是："从消费者的感官，情感，思考，行动，关联五个方面重新定义，设计营销理念。"他们认为，消费者消费时是理性和感性兼具的，消费者在消费前，消费中和消费后的体验，是研究消费者行为与企业品牌经营的关键。

在体验营销时代，越来越多的企业开始意识到了它的战略意义。正如一位矿泉水经营者所说："体验营销不仅要满足消费者喝水的需求，还要满足消费者对水的喜爱和偏好，让消费者感到商家理解他，尊重他，体贴他，同时给他带来美的享受！"

体验营销战略以满足消费者的体验需求为目标，以服务产品为平台，以有形产品为载体，生产、经营高质量产品，拉近企业和消费者之间的距离。体验营销的体验形式十分复杂化和多样化，所以《体验式营销》一书的作者伯恩德·H·施密特将不同的体验形式称为战略体验模块，并将其分为五种类型：

（1）知觉体验：知觉体验即感官体验，将视觉、听觉、触觉、味觉与嗅觉等知觉器官应用在体验营销上。感官体验可区分为公司与产品（识别）、引发消费者购买动机和增加产品的附加价值等。

（2）思维体验：思维体验即以创意的方式引起消费者的惊奇、兴趣、对问题进行集中或分散的思考，为消费者创造认知和解决问题的体验。

（3）行为体验：行为体验指通过增加消费者的身体体验，指出他们做事的替代方法、替代的生活形态与互动，丰富消费者的生活，从而使消费者被激发或自发地改变生活形态。

（4）情感体验：情感体验即体现消费者内在的感情与情绪，使消费者在消费中感受到各种情感，如亲情、友情和爱情等。

（5）相关体验：相关体验即以通过实践自我改进的个人渴望，使别人对自己产生好感。它使消费者和一个较广泛的社会系统产生关联，从而建立对某种品牌的偏好。

许多房地产开发商将体验营销运用到房地产的开发中。比如：

做园林时，不会再在意什么花呀草呀造型呀等这些表面上的元素（诚然它们都是"体验"的物质载体，不可或缺），而特别关注园林所蕴藏的内涵，以及这个园林在各种状态下带给人们的体验。挖掘的是人们在体验这个园林时，园林与人的一种交流，园林通过人所表现出的某种情感，以及园林与人如何合而为一。

有的楼盘在开发时用蛙鸣鸟叫的方式让消费者体验其生态自然环境；或者竭力打造优雅高贵的"山里人家"，尽量保持开发地的原始风格，巧借原始山貌精心建造，运用朴实的雕塑深刻雕琢出中国几千年的"忠、孝"文化。另外还建造了超大型私家体育公园，建有国际标准足球场，以及篮球场、网球场、游泳池等运动设施，经常举办足球、篮球、网球运动等赛事，组织老年人登山观景，赋予了生活、休闲、运动更多的健康意味，完全走上了体验营销的新路。

如何在消费过程中给消费者带来美的享受，体验营销有以下几种策略。

1. 感官式营销策略

感官式营销是通过视觉、听觉、触觉与嗅觉建立感官上的体验。它的主要目的是创造知觉感官方面的体验。感官式营销可以区分公司和产品的识别，引发消费者购买动机和增加产品的附加值等。

以宝洁公司的汰渍洗衣粉为例，其广告突出"山野清新"的感觉：新型山泉汰渍带给你野外的清爽幽香。公司为创造这种清新的感觉做了大量工作，后来取得了很好的效果。

2. 情感式营销策略

情感式营销是在营销过程中，要触动消费者的内心情感，创造情感体验，其范围可以是一个温和、柔情的正面心情，如欢乐、自豪，甚至是强烈的激动情绪。情感式营销需要真正了解什么刺激可以引起某种情感，以及能使消费者自然地受到感染，并融入到这种情景中来。

在"水晶之恋"果冻广告中，我们可以看到一位清纯、可爱、脸上写满幸福的女孩，依靠在男朋友的肩膀上，品尝着他送给她的"水晶之恋"果冻，就连旁观者也会感觉到这种"甜蜜爱情"的体验。

3. 思考式营销策略

思考式营销是启发人们的智力，创造性地让消费者获得认识和解决问题的体验。它运用惊奇、计谋和诱惑，引发消费者产生统一或各异的想法。在高科技产品宣传中，思考式营销被广泛使用。

1998年苹果电脑的IMAC电脑上市仅六个星期，就销售了27.8万台，被《商业周刊》评为1998年最佳产品。IMAC的成功很大程度上得益于一个思考式营销方案。该方案将"与众不同的思考"的标语，结合许多不同领域的"创意天才"，包括爱因斯坦、甘地和拳王阿里等人的黑白照片。在各种大型广告路牌、墙体广告和公交车身上，随处可见该方案的平面广告。当这个广告刺激消费者去思考苹果电脑的与众不同时，也同时促使他们思考自己的与众不同，以及通过使用苹果电脑而使他们成为创意天才的感觉。

4. 行动式营销策略

行动式营销是通过偶像、角色，如影视歌星或著名运动明星来激发消费者，使其生活形态予以改变，从而实现产品的销售。

在这一方面耐克可谓经典。该公司的成功主要原因之一是有出色的"JUST DO IT"广告，经常描述运动中的著名篮球运动员迈克尔·乔丹，从而升华身体运动的体验。

5. 关联式营销策略

关联式营销包含感官，情感，思考和行动等体验的综合。关联式营销战略特别适用于化妆品、日常用品、私人交通工具等领域。

美国市场上的"哈雷牌"摩托车，车主们经常把它的标志文在自己的胳膊上，乃至全身。他们每个周末去全国参加各种竞赛，可见哈雷品牌的影响力不凡。

我们经常会看到这样的现象，在购买服装时，如果一家服装店不能让顾客试穿的话，有很多顾客就会马上离开；在购买品牌电脑时，如果消费者不能亲自试试性能，感觉一下质量的话，大多数消费者就会对其质量表示怀疑；购买手机时，如果销售人员不太愿意让顾客试验效果，顾客马上就会扬长而去……分析一下这些现象背后的原因就会发现，消费者在购买很多产品的时候都需要有"体验"的过程，更多的时候，体验成了消费者最终决定是否产生购买的关键。

因此，对于企业来说，提供充分的体验就意味着能够获得更多赢得消费者的机会。体验营销正是从这个意义上出发，进行策划的营销策略。

体验营销已经成为风靡商界的一种营销方式，它通过为用户带来良好的消费体验吸引消费者、留住消费者。

与我们传统的认识相反，体验绝非就是一种虚无缥缈的感觉，它可化作一种实实在在的商品，消费者一旦被体验感动，就会心甘情愿地花钱买体验，如果营销人员能将商品和体验捆绑在一起执行市场策略，那营销就有可能别有"动"天。

业界许多人都认为，体验营销无非就是加强终端现场的展示而已，其实并非如此，体验营销一旦实施，它就必须更清楚地掌握消费者的所有消费行为，更加关注好消费者在购物的前、中、后的全部体验，让消费者感觉到品牌是那么的鲜活、多样化，而且是可以看得到和触手可及的、超越他们的预先设想，这样的体验才是真正的体验营销。如果你切实将"体验"贯穿在你的整个营销进程之中，创造真正的价值就不是问题。

戴尔和保险公司的业务有何异同？
——直复营销战略

"直复营销"起源于美国，它以1872年蒙马哥利·华尔德创办第一家邮购商店为代表；20世纪20～30年代由于连锁店的大力兴起而衰落；80年代以后，又由于信息化社会的迅速发展和人们图方便的购物心理而再次兴起。现在"直复营销"几乎遍及全球所有市场经济成熟和发达的国家。

世界直销联盟、美国直销协会和美国直销教育基金会对"无店铺销售"的共同定义是："不通过零售商的固定店面而从事销售商品及服务给最终消费者的商业活动"。"无店铺销售"一般分为三大类型：直复营销、人员直销和自动销售。

所谓"直复营销"即消费者通过媒体接触商品或服务后，其订货和购买是通过邮电、电话、电脑及其他科技媒体来完成的销售方式，有人也把"直复营销"翻译成"直效行销"；"人员直销"又分两类：单层次直销和多层次直销；多层次直销又分两种：正当多层次直销和非法多层次直销（即非法传销）。

我们之所以要把"直复营销"划归为"无店铺销售"，是因为"直复营销"公司与消费者交易的本质特征是通过"非人员的媒体来完成交易"，这个交易的行为和过程是："不是在店铺内"完成的；尽管有时"直复营销"公司的商品是让顾客去零售店铺购买，但是，这个购买行为的实质是顾客去零售店铺购买（某个）商品之前就已经完成了交易的行为，零售店铺只不过是顾客"领取"商品的一个场所（而不是"在零售店铺内进行交易"），这是"直复营销"最显著的特征。

直复营销与其他"无店铺销售"的营销方式相区别的关键点是："在完成商品销售或者服务时，是否是销售人员与消费者进行'面对面'或者'一对一'的促销说明"，而并非是一些专家所言的"双向交换信息"等，"双向交换信息"是任何一种营销方式都具备的基本特征，因为没有双方的双向信息交换，就能够轻而易举地完成一种商品或者服务的交易，这是难以想象的。

直复营销作为一种商业模式，有以下特点，其一，公司销售的商品不一定是自己亲自生产；其二，直复营销也有自己或者第三方完备的物流配送系统；其三，直复营销具备高度现代化和信息化的信息处理和交换系统；其四，直复营销建立有庞大的顾客数据库；其五，直复营销建立有完备的"顾客满意服务体系"。但是，这五点特征正当多层次直销商业模式也具有。直复营销与正当多层次直销均属"无店铺销售"，但直复营销有三个显著区别于正当多层次直销的特征：

（1）消费者接触直复营销公司商品的"桥梁"是非人员的"媒体"，

比如直接邮件（邮递品或信函）、国际互联网、购货目录、VCD盘等，并且直复营销公司与消费者商品交易达成的"载体"不是销售人员，而是高科技媒体，比如电脑、电话、电子商务等。由于消费者接触商品和购买商品均没有销售人员出现在消费者的"面前"（注意：即使销售人员出现在消费者面前也不是去完成商品销售，而是完成诸如送货、调查等服务工作），所以，就不存在销售人员为了完成商品销售与消费者进行"面对面"或者"一对一"的促销说明而不论是商品或者服务；

（2）直复营销不存在人员相互间的"推荐和被推荐"关系，由于商品的最终交易达成并不需要销售人员去对个体消费者进行"面对面"或者"一对一"的促销说明，所以也就没有必要通过人员相互间的激励模式——推荐和被推荐的利益关系去激发销售人员的热情。

戴尔是全球领先的计算机系统直线订购公司。营销专家们普遍认为，戴尔制胜的法宝就是其销售模式——直复营销。

在进入市场之初，戴尔不是利用现有的分销渠道来进行推销，而是在精选的电脑杂志上做广告，得到消费者直接反馈的信息后再将电脑设备直接销售给客户。最初几年中，公司的电脑产品几乎都是通过邮政快递和航空快递直接传送给消费者的，没有任何中间商。这就是直复营销理念所提倡的"直接而双向地交流"。可以说戴尔公司走在了直复营销模式潮流的尖端，而它的成功则带来了众多的仿效者。

从上也可以看出，戴尔做的是直复营销。而保险公司雇用和培训大量的保险推销员上门卖保险，做的是人员直销。

直复营销思维在欧美地区有长期的历史，在其指导思想下建立和发展的邮购商业是一种完全主流的销售模式，在国内，无论是邮购还是直邮广告都是最近几年内才刚刚开始发展起来的，大多数企业还没有密集使用过直复营销战术。但是，国际商业文化的交换在资讯高度发达的今天越来越容易，跨国企业的经营把全球范围内最先进的营销技术和策略变得毫无国界，文化的差异似乎也没有影响到直复营销在中国的推进，相反，在直复营销模式的萌芽阶段，先行者往往能够取得更令人注目的成绩。

怎样让所有员工关注和参加营销活动？
——全员营销战略

全员营销是指企业所有员工对企业的产品、价格、渠道、促销（4P's）和需求、成本、便利、服务（4C's）等可控因素进行整合，以满足顾客的各项需求（即指营销手段的整体性）；同时全体员工应以营销部门为核心，研发、生产、财务、行政、物流等各部门统一以市场为中心，以顾客为导向，进行营销管理（营销主体的整合性）。所有员工关注或参加企业的整个营销活动的分析、规划和控制，尽量为顾客创造最大的让渡价值，使顾客满意度最大化，使公司从中获得市场竞争力，以从中获得长期利润及长远发展。

"全员营销"首先是"营销手段的整合性"管理。

全体员工对4P's、4C's等因素的理念理解及行为配合。对产品的理念理解，应该清楚产品的市场需求、开发背景、产品质量等，因为这样我们的全体员工才能对我们的产品有极强的关注，这样易于将理念转变为行为方式的整合，这样能形成全员对产品的宣传与推动作用；对价格的理念理解应该包括：清楚产品的目标市场定位，它吸引的是哪类或某几类消费群体，这样的消费群体消费实力如何，易于接受多大的价格空间及指数。这样能让全体员工关注产品的生产成本、利润空间，极大地将"企业是制造利润的机器"这一理念变为全体员工的行为方式，全体员工会切实推行降低成本、提高销量的具体举措；对渠道的理念理解应该是根据目标市场定位选择适合产品销售的渠道，以便于消费者购买商品的便利性达到最大化，这样的理念理解能极大地调动全体员工的积极性，为消费者提供足够的便利性以致产生更高的销售量；对促销的理念理解是采取促进销售的各种手段，调动一切资源推动终端销售额的提高，此理念理解应该以"服务"为中心，以服务推动终端消费者的消费附加值，这样能更大程度地吸引消费者以便提高销售量。

"全员营销"其次是"营销主体的整合性"管理。

其一，主体部门必须以"营销部门"为核心（以"市场"为核心）开展工作，任何其他部门的工作都要服务于"营销部门"的工作；其二，非营销部门的工作应以"营销的观念"来规划本部门的资源，以服务于部门职责，推动公司的"整体营销"利益；其三，非营销部门也应该向营销部门学习，将本部门的工作以营销观念来规划，以营销的市场竞争观念来开展工作，这样能极大地提高部门工作效率；其四，非营销部门员工（特别是中小企业）应该在单位面积、时间里开展"营销活动"的实践，这样能有效地让同事理解营销的观念与方法。更为关键的是能进行"市场危机"教育，部门员工能有效地理解市场部门的困难度及重要性，同时能有效地将"部门主体"及"公司员工主体"进行有效整合以推动营销工作的开展。

20世纪80年代中期，太极集团有限公司（简称太极集团）的前身太极药厂只是一个濒临倒闭的作坊式小厂，如今太极集团已经发展成为拥有两家上市公司、44家独立法人企业、总资产达22亿元的跨地区、跨行业的国有大型企业集团。太极成功的法宝之一是："全员营销"。

太极药厂在20世纪80年代中期也曾经历了产品积压、企业停产的困境。经过总结分析后，太极人发现进入市场经济以后，困扰企业发展的最大阻力就是营销。于是他们提出并实施了"全员营销"的管理模式，逐步建立起了以营销管理为特征的现代企业运行机制。

他们响亮地提出"厂长工作在车间，经理工作在市场"的口号，要求经理级以上的人员在市场第一线工作的时间每年不得低于300天，全体员工也必须"全心全意为营销服务"，各个环节的工作都要为营销提供最优质的服务。每月和每季度分别召开一次营销调度会和一次营销计划会，企业的生产、供应、技改、财务和仓储运输等工作必须根据营销调度会和计划会的安排，编制本系统的工作计划并确保实施，而非直接营销系统必须根据营销系统报送的每日信息及时处理营销系统提出的相关问题，确保办事的效率与质量。在集团总部专门设立了两部"总经理热线电话"，24小时开通，随时接受和处理营销系统出现的问题，及时反馈相关信息，并成立督办队，对营销中提出的问题按时处理。

太极集团努力建设高素质的营销队伍，对营销人员实行严格的挑选、培训和考核，优胜劣汰。对营销人员的选拔途径主要有两个：一是直接到各大专院校挑选；二是在优秀员工中挑选。对初选的员工先进行严格的军训和文训。军训着重磨炼员工的意志和毅力，培养遵守纪律、服从安排、少讲索取、多讲奉献的精神品质；文训侧重于产品知识、营销知识和公司营销政策的培训。营销人员还要到生产一线锻炼一年，了解产品的生产过程和工艺流程。通过上述培训后，仅仅只能算拿到了进入营销系统的入场券。企业还对进入营销系统的营销人员实行了"不升即降、限时离岗"的动态管理。

为了提高在岗营销人员的素质，充分调动其积极性，集团对营销人员实行按销售回款计提个人收入并确保及时兑现的分配政策，并允许营销人员的收入高于其他员工平均工资的3～5倍，还制定了优先安排出国考察、进修，优先分房等激励措施。同时，建立了严格的监督约束机制，在销售总公司专门成立了监察部，履行"保护、监察、惩处、教育"四项职能。每年举办多期法律知识讲座并组织营销人员集中听课，以增强营销人员的法律意识与道德意识；规定从事营销活动与客户签订"购销合同书"的营销人员，不能够直接经手货物和现金；凡从事营销工作的人员均要与公司签订法律责任书等，从而保证了营销队伍的健康发展。

同时，太极集团十分注重营销策略的研究，成功地实施了一系列产品、价格、促销等策略，建立了以市场需求为中心的技术开发体系，让源源不断开发出来的新产品作为"全员营销"的坚强后盾，还建立健全了劳动人事、财务管理、分配、采购、生产等管理制度。这一切为"全员营销"的成功推行提供了保障，使"全员营销"成为太极腾飞的法宝。

如何实施全员营销呢？

1. 全员营销，需要人人营销

"人人营销"并不是要求每个人都要到营销中心去工作，而是每个人在各自工作岗位各负其责的基础上树立起市场意识和营销观念，每位员工除了完成好各自的任务外，更要主动相互配合、协调一致，一切工作的开展都要从市场的需求和变化出发，紧紧围绕市场这个出发点来开展工作。

2. 全员营销，需要将一流人才用到市场上

在市场竞争日益激烈的今天，特别是加入WTO后，市场的竞争更加惨烈，强者愈强，弱者愈弱，优胜劣汰将是必然的趋势。在此态势下，企业之间的竞争已不仅是产品、品牌之间的竞争，更重要的是人才之间的竞争，而市场人才之间的竞争尤为突出。企业要生存、要长久发展，就必须去竞争，更要在人才上去竞争。谁的人才多、谁的人才更突出，谁就能获得更多的市场，谁也就最终能成为强者之一；反之，必然会被淘汰出局。

3. 全员营销，更需要不断加强自身营销队伍的建设

全员营销能够为营销部门创造更好的环境、提供更多的便利。营销部

门不仅要充分利用好这些资源并整合好这些资源，而且更需要不断加强营销队伍自身建设。队伍建设不在于"人多"，而在于"业精"。通过人员培训和人员更替等方式，全面提高全员的素质，不仅要提高他们的业务能力而且要提高他们的内在素质，充分调动他们的积极性，变被动工作为主动工作，充分发挥他们的主观能动性。

为何要从"中国制造"转为"中国创造"？
——价值营销

何为价值营销？价值营销是相对于价格营销提出的，"价值营销"不同于"价格营销"，它是通过向顾客提供最有价值的产品与服务，创造出新的竞争优势取胜的。企业"价值营销"，应在有形竞争和无形竞争上下工夫。有形竞争即实物（产品）含量竞争；无形竞争即环境、品牌和服务等竞争。企业要在产品质量、产品功能、开发能力、品牌形象等方面进行创新和提高，优化价值竞争的群体组合，实现创造价值经营，拉开与竞争对手的差异，不断创出新的竞争活力。

围绕顾客价值的最大化，"价值营销"提出了以下营销组合：产品价值、服务价值、品牌价值、终端价值和形象价值。

1. 产品价值

通过产品创新，重整产品价值，摆脱产品同质化引起的价格竞争。价格战的起因之一是因为产品同质化太过严重，因此重整产品对顾客的价值，对产品进行差异化创新，是应对价格战的有效利器之一。其主要方法有：采用新技术，改进产品的质量、性能、包装和外观式样等。

2. 服务价值

通过服务增加产品的附加价值，在同类产品竞争中取得优势。以服务对抗价格战的取得成功的例子是海尔。

从海尔这个品牌成形以来，它一直坚守着"服务"的定位并在传播着这个概念，在企业行为上作出严格要求，无论在什么地方，产品一到，服务就到了，甚至是产品未到服务先到，十几年的坚持使消费者一想到海尔就会跟上服务好的评价。其结果我们也是看得见的，海尔可以在相对的高价上维持市场份额。

3. 品牌价值

从以产品为中心的营销转变为以品牌为中心的营销，有效避免以产品为中心的价格战。品牌不仅是企业的品牌，同时也是消费者的品牌，消费往往从品牌的体验中感受到产品的附加价值从而从感性上淡化产品的价格。

明显的例子是百事可乐与可口可乐，它们的产品相差不大，但是却以品牌营销在市场竞争中赢得了双赢的格局。

4. 终端价值

终端价值强调的是差异化的终端建设，通过超值的购买体验强化客户终端价值，从而淡化价格对客户购买的影响。

以终端价值对抗价格战的成功例子是皇明太阳能热水器。由于行业的不成熟，作为太阳能行业的第一品牌的皇明不得不应对来自杂牌的价格冲击，为了超越价格战，皇明提出了终端形象"5S"工程，进行5S标准专店的终端建设。特别提出了消费者体验服务，消费误区教育体验、家庭健康热水中心使用体验、明星产品性能技术体验、个性化配件增值体验、品牌文化震撼体验、服务力体验等。让顾客从终端体验中认识到皇明与杂牌的差异，最终皇明超越价格竞争，稳守行业领导品牌的地位。

5. 形象价值

在消费社会中，相对于商品的使用价值，其符号价值即形象价值变得越来越突出。一个商品的形象价值常常与它的实际使用价值并不成正比。从使用价值和交换价值的角度看，一个商品的价值中所包含的劳动价值可能很少，但当它作为某种符号、某种形象被消费时，最终体现为价格的价值就可能远远超过其使用价值和劳动交换价值，也就是说商品的符号价值、形象价值常常不受使用价值和劳动价值的约束。一种质地、款式都很相近的衣服，有的几十元钱，有的数百元，有的则上千元的现象在服装市场常常可见。因而在消费社会，商品的形象价值的产生、创造和被认可、接受乃至流行，对于消费生产与消费活动来说都是至关重要的。

长虹在20世纪90年代，给很多人的印象就是会打"价格战"，掀起数次降价风波，是全行业亏损的始作俑者，然而，就在2001年以后，长虹一举改变了自己的形象以及整个彩电市场竞争的态势，推出其具有一定技术含量和高附加值的高端产品——"精显王"背投彩电，"精显王"背投彩电销量以100%上升，2002年超过了1 100万台，这使得长虹成为全球销售第二的名副其实的背投彩电大王。

目前，传统行业重复建设增多，市场无序竞争加剧。随着市场的逐渐成熟，国家政策法规的完善，暴利时代已经结束，社会消费已趋于理性，利润空间小。企业为谋求生存，无序竞争越演越烈，特别是当前产品同质化严重，销售模式雷同，市场竞争就更加激烈、无序。价格战是主要竞争形式，你方唱罢我登场，最后企业纷纷落马。那么企业想要在市场竞争中保持永续的竞争优势，或者说在一段时期内保持一定的竞争优势就应创造领先一步的价值营销。

怎样与其他企业结成营销伙伴?
——共生营销战略

　　在麦当劳你只能买到可口可乐,而在肯德基你只能买到百事可乐。为什么会这样?因为从美国市场开始,麦当劳就与可口可乐结成了营销伙伴,共同向就餐的顾客销售可口可乐。相应的,肯德基与百事可乐结成了共生体。这种方式就是共生营销。

　　共生营销是指两个或两个以上企业通过分享市场营销资源,达到降低成本、提高效率、增强市场竞争力目的的一种营销策略。共生营销的兴起与当今市场激烈竞争和科技飞速发展有着密切关系,面对众多水平更高、实力更强的对手,任何一个企业都不可能在所有方面处于优势地位。在这种形势下,具有优势互补关系的企业便纷纷联合起来,实施共生营销战略,共同进行新产品开发、共享人才和资源,共同提供服务等,从而降低竞争风险,增强企业竞争能力。

　　一是共享资源。包括设施、营销渠道、品牌或其他资源。

　　二是共同促销。共生伙伴各方把单个企业的产品优势、营销技能和营销网络优势结合起来,发挥单个企业促销无法达到的规模效应,联合开拓目标市场。如格兰仕与深圳精时达表业进行捆绑销售,达到互利。

　　三是共同提供产品和服务。在旅游业中,交通公司、旅馆、饭店、景点、娱乐部门等联合提供"一揽子"服务,既降低价格,又方便顾客,使各方竞争实力大大增强。

四是共同销售。如美国运通公司和MCI电讯公司达成协议，运通卡用户在使用MCI长途电话时，可享受一定折扣；而MCI凭借运通公司所掌握的1000万户信息资料，大大增强了自己的竞争能力。

五是共同开发新产品。如IBM、西门子、日本东芝达成协议，联手开发256兆位超微芯片。

六是共同创办新企业。这在国外教育界、化工业、新材料工业、计算机工业中已屡见不鲜。

"小天鹅"公司与美国"宝洁"公司达成了一项协议，在国内一些大专院校开办"小天鹅洗衣房"。在"小天鹅"销售时，分发宝洁公司洗衣粉试用，并在包装盒上为其做宣传。与此同时，宝洁公司在其包装袋上全部打上"推销一流产品小天鹅洗衣机"字样。如此，"小天鹅"随着宝洁公司洗衣粉更多地"飞入寻常百姓家"；而宝洁公司也随着洗衣机消费需求增长，实现了市场的快速扩展。这种营销战略便是品牌"共生"战略。

如今在都市里处处都可见到共生营销：商场里设书店、开办餐饮业、经营娱乐业，银行进军商业界，运输业步入旅店业，航空公司与酒店联手等。旅游业中，交通公司、酒店、旅行社、餐馆、娱乐场、景点等联合提供全套系列服务，既降低价格，又方便顾客，参加合作的公司的竞争实力也大大增强。

共生营销范围广，不同行业、不同地区、不同所有制的企业联合在一起；优势集中互补，各企业都具有雄厚实力且发展前景好，集中起来后形成单个企业无法比拟的绝对优势；灵活性强，各企业大多是就某一具体项目进行联合，平时仍可按各自的经营方针和目标进行独立经营活动；成功率高，各企业为了共同利益联合起来，你中有我，我中有你，风险共担，利益共享。共生营销是市场经济发展到一定阶段的必然产物，我国加入世贸组织以来，外国公司大举进入国内市场，市场竞争趋于白热化。我国具有互补优势的企业必须联合起来，实行共生营销战略，形成规模和合力，造就群体优势，从而在激烈的市场竞争中立于不败之地。

共生营销与交叉营销有很多相同之处，但是也有所不同。交叉营销往往是短期的，可口可乐在一部电影里插入广告属于交叉营销，而在麦当劳餐厅销售则属于共生营销。另一个区别是交叉营销着眼于不同行业之间的客户资源共享，而共生营销着眼于两个具体的企业之间共享客户资源。

怎样把世界市场视为一个整体？
——全球营销战略

全球营销是指以全球为目标市场，将公司的资产、经验及产品集中于全球市场。全球营销是以全球文化的共同性及差异性为前提的，主要侧重于文化的共同性，实行统一的营销战略，同时也注意各国需求的差异性而实行地方化营销策略。全球营销实行以地理为中心的导向。

1991年4月13日，人们打开报纸时，吃惊地注意到在"全球最大的馈赠"广告栏下，有一段醒目的文字："英国航空公司将向全世界免费赠送5万张机票。"世界各大报纸都用通栏标题报道了英航这场令人不可思议的大馈赠活动。英国、澳大利亚、美国的电台和电视台也在黄金时间里报道了这一新闻。这场酬宾促销活动共耗资9 000万美元，甚至连许多英国人也认为航空公司简直是疯了。继这场酬宾活动之后，英航还别出心裁地用了一连串的促销手段，其中包括伦敦著名的哈德商店有奖购物、免费地铁观光、赠送剧场入场券、去苏格兰古堡游览等富有诱惑力的节目，来吸引旅客乘坐英航的班机到英国旅游。这一策略使得全世界约有1 000多家旅行社为之动心，几乎包销了一大半的英航机票。

全球营销在很大程度上是一种经营哲学，它要求企业在开展营销活动时，将世界市场视为一个整体（而非若干个独立的国别市场的叠加），统一规划与协调，以便获得全球性竞争优势。全球营销的核心在于"全球协调"与"全球一体化"，也就是说，开展全球营销的企业在评估营销优势与劣势、机会与威胁及制定营销策略时，不以国界为限，而是立足于全球。全球运作、全球协调与全球竞争是全球营销的三个重要特征，为此经营者必须建立一套全新的战略思维，包括全球竞争优势、全球竞争者分析、全球市场占有率、全球产品系列及全球资源分布等。

为何在4S店买不到劳斯莱斯汽车？
——定制营销战略

定制营销，是指企业在大规模生产的基础上，将每一位顾客都视为一个单独的细分市场，根据个人的特定需求来进行生产和定价，以满足每位顾客的特定需求的一种营销方式。例如世界著名的劳斯莱斯轿车，就是定制营销的先驱者之一，该品牌的汽车只为提前定制的客户生产汽车，因此，你在任何一个4S店都不可能买到现车。

但是，现代的定制营销与以往的手工定做又有所不同。定制营销是在简单的大规模生产不能满足消费者多样化、个性化需求的情况下提出来的，其最突出的特点是根据顾客的特殊要求来进行产品生产。

海尔推出的"定制冰箱"是一个定制的例子，所谓定制冰箱，就是消费者需要的冰箱由消费者自己来设计，企业则根据消费者提出的设计要求来定做一种特制冰箱。比如，消费者可根据自己家具的颜色或是自己的喜好，定制自己喜欢的外观色彩或内置设计的冰箱。他可以选择"金王子"的外观，"大王子"的容积，"欧洲型"的内置，"美国型"的线条等，从而能最大限度满足了顾客的不同需求。

对于这一举措的市场反应，下面的数字提供了有力的说明：从2000年8月海尔推出"定制冰箱"只一个月时间，就从网上接到了超过100万台的要货订单。这个数字的涵义是什么？1995年，海尔冰箱年产量首次突破100万台，不到5年时间，现定制冰箱一个月便刷新了这个记录。相当于海尔冰箱全年产销量的1／3。

与传统的营销方式相比，定制营销主要具有以下优点：

（1）能极大地满足消费者的个性化需求，提高企业的竞争力。对此，海尔的"定制冰箱"服务已充分说明这一点。

（2）以销定产，减少了库存积压。在传统的营销模式中，企业通过追求规模经济，努力降低单位产品的成本和扩大产量，来实现利润最大化。这在卖方市场中当然是很有竞争力的。但随着买方市场的形成，这种大规模的生产产品品种的雷同，必然导致产品的滞销和积压，造成资源的闲置和浪费，定制营销则很好地避免了这一点。因为这时企业是根据顾客的实际订单来生产，真正实现了以需定产，因而几乎没有库存积压，这大大加快了企业资金的周转速度。同时也减少了社会资源的浪费。

（3）有利于促进企业的不断发展，创新是企业永保活力的重要因素。但创新必须与市场及顾客的需求相结合。否则将不利于企业的竞争与发展。传统的营销模式中，企业的研发人员通过市场调查与分析来挖掘新的市场需求，继而推出新产品。这种方法受研究人员能力的制约，很容易被错误的调查结果所误导。

而在定制营销中，顾客可直接参与产品的设计，企业也可根据顾客的意见直接改进产品，从而达到产品在技术上的创新，并能始终与顾客的需求保持一致，从而促进企业的不断发展。

当然，定制营销也并非十全十美，它也有其不利的一面。

首先，由于定制营销将每一位顾客视作一个单独的细分市场，这固然可使每一个顾客按其不同的需求和特征得到有区别的对待，使企业更好地服务于顾客。但另一方面也将导致市场营销工作的复杂化，经营成本的增加以及经营风险的加大。其次，技术的进步和信息的快速传播，使产品的差异日趋淡化，今日的特殊产品及服务，到明天则可能就大众化了。产品、服务独特性的长期维护工作因而变得极为不容易。定制营销的实施条件，定制营销的实施要求企业具有过硬的软硬件条件。为此，企业应加强信息基础设施建设。信息是沟通企业与顾客的载体，没有畅捷的沟通渠道，企业无法及时了解顾客的需求，顾客也无法确切表达自己需要什么产品，目前，internet（英特网）、信息高速公路、卫星通信、声像一体化可视电话等的发展为这一问题提供了很好的解决途径。海尔"定制冰箱"的成功，与它完善的电子商务网络设施是分不开的。

其次，企业必须建立柔性生产系统。柔性生产系统的发展是大规模定制营销实现的关键。

这里所说的"柔性"是相对于20世纪50年代发展起来的硬性标准化自动生产方式而言的。柔性生产系统一般由数控机床、多功能加工中心及机器人组成，它只要改变控制软件就可以适应不同品种式样的加工要求，从而使企业的生产装配线具有了快速调整的能力。

再次，也是最重要的，定制营销的成功实施必须建立在企业卓越的管理系统之上。没有过硬的管理，"定制营销"的实施是将很难实现的，比如海尔的"定制冰箱"服务，设计系统、模具制造系统，生产、配送、支付、服务、都比普通冰箱的要求高得多，假如消费者看中了"金王子"的外观，"大王子"的容积，"欧洲型"的内置，"美国型"的线条，设计人员就需要对其进行科学的配置，模具要重新制作、生产线要重新调试，配送系统要送对型号，服务系统要清楚这种机型。一台冰箱容易做到，而几百万台各不相同的冰箱要做到丝毫不差，绝不是一般的企业能做到的。事实上，海尔为获得这种定制服务的基本功，数年前就已进行了观念和技术上的磨炼和准备。

故宫的门票为何一涨再涨？
——低营销

　　减低需求饱和度的策略称为低营销。低营销是设法暂时或永久降低一般顾客或某特定阶层顾客的需求，是由西德尼·莱维和菲利普·科特勒在1971年提出的。

　　北京故宫博物院等六处世界文化遗产景点门票价格率先上调后，国内不少知名景点的门票价格紧接着"涨声"一片。旅游景点非要通过门票涨价才能赚钱吗？其实并不是这个道理，之所以涨价其中一个重要原因是各大旅游景点出现了超饱和需求，过多的游客承载量会给各大景点造成巨大的压力甚至破坏性的作用，因此，各大旅游景点通过涨价的方式来起到调节游客数量的目的，最终使旅游景点在游客参观的同时得到更好的维护。

一般的低营销就是不鼓励需求，它包括两个步骤：提高价格和减少服务。

有选择的低营销则采用尽量降低来自盈利较少和服务需要不大的市场的需求量。

低营销并不是杜绝需求，而是降低其需求水平。

"非传统和反传统营销方式"是什么？

——游击营销战略

游击营销的灵魂和本质是利用非常规的营销手段来达到传统的营销目的，即企业利润和市场份额。实施游击营销，企业必须精心选择"营销武器"并有效运用这些"营销武器"以达到最大的效力。

"游击营销"的鼻祖吉·康爱德·来文思·昂（Jay Conrad Levins On）提出这个概念，初衷是为缺乏营销经费的广大中小企业提出一条与跨国企业对抗的方法，教它们如何用很少的钱达到吸引消费者注意力的营销目的。随着消费者越来越疏离大众广告，游击营销现在已成为了最热门的营销名词。

1984年，来文思·昂出版了著名的《游击营销：小企业创造高额利润的秘诀》一书，正式提出了"游击营销"这一名词。来文思·昂是美国最著名的营销专家之一，他最为人熟知的案例就是为菲利普·莫利斯公司策划了"万宝路故土（Marlboro Country）"的营销活动，塑造了万宝路的雄性形象，让万宝路品牌从美国排名第31位的烟草品牌，上升为美国最畅销的烟草品牌。

《游击营销》刚出版时，并没有马上引起营销人员的注意，那时，大部分公司都相信，只有花大价钱雇用顶级的广告公司，购买大众媒体的广告时段，才能让产品畅销。但是，近年来随着消费者越来越疏离大众广告，游击营销的效力才逐渐显现出来，成为最热门的营销名词。

现在，来文思·昂已经出版了20本关于"游击营销"的专业著作，被译成了37种语言，《游击营销》一书至今已经是第三版。"游击营销"被二十多个著名商学院列为营销学课程，来文思·昂被称为"游击营销之父"。《企业家》（Entrepreneur）杂志称来文思·昂为"世界上最有影响力的营销专家，没有人比他更了解如何利用各种营销武器为中小企业创造利润。"

不仅如此，"游击营销"成为了"非传统和反传统营销方式"的代名词，并由此衍生出了"偷袭营销"、"病毒营销"、"街道式营销"、"包围式营销"、"口头宣传营销"、"无遮盖营销"、"释放营销"等一系列的反传统营销战术，大有与传统的大众营销分庭抗礼之势。现在，游击营销已经日趋主流化，丰田、耐克、百事、宝洁等跨国企业也越来越重视游击营销的应用与威力。

游击营销包含以下几个特征：注重与消费者建立个性化的联系，大多不借助单向的、被动式的传统传播媒介，而是采用具有互动性的传播路径，强调体验，并且营销费用低。

游击策略成功的三大要素：①创造力是关键。②关系是营销活动的核心。③持之以恒是营销成功的必要因素。

戴夫·桑德说："如果你想吸引潜在消费者和新顾客的注意，你最好多多了解他们到底喜欢什么。"戴夫·桑德想要为他们公司生产的品牌服装寻找一位名人担任代言人，他们研究了很久以后认为拳击明星霍利菲尔德最为合适，但是众所周知，霍利菲尔德的佣金高得吓人。戴夫·桑德通过各种渠道得知霍利菲尔德是一名热心的反种族歧视的支持者，因此他们专门设计了好几款风格独特的、以反种族歧视为主题的T恤衫，并通过朋友和各种关系送到了霍利菲尔德手上。霍利菲尔德非常喜欢这些T恤衫，不但他自己经常穿着它们出现在公众场合，接受记者拍照，还主动通过朋友要了很多件送给他的一些明星朋友。

　　游击营销是伟大梦想和适中预算的交集，它既包含了周密的科学分析，也包含了艺术创意，是在对品牌体验进行战略性的深度分析的基础上，策划引人注意的、给消费者带来愉快体验的营销活动。这种营销战术展现出它对特定忠诚市场的吸引力，而这些市场是主流广告媒体所无法攻占的，游击营销提供了在感性经济里最重要的个人亲身接触——消费者能真正看清品牌本色。

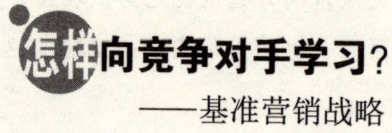

怎样向竞争对手学习？
——基准营销战略

　　美国施乐公司高级管理人员席尔克说："多参观比较，你就更能接受其他公司比你强的事实。没有一家公司是万能的，但如果你学习了全世界所有公司最好的一面，那你也会变成最棒的公司。"

上述这段话被概括为席尔克之道，这正是当今西方盛行的一种营销新观念，称之为基准营销战略。

基准营销是指对行业的领先者或企业最强劲的竞争对手的一些经营要素进行排列，并同本企业自身相应的经营要素进行比较，发现问题，以竞争者的优势指标为基准，进行学习和赶超的一种竞争战略。

基准营销的核心在于使竞争行为基准化，使一定时期的竞争行为有明确的目标。同时基准营销是一个持续不断的过程，当某些基准通过努力得以实现后，就要去找新的对手和新的目标。实质上基准营销，就是企业不断地对自身的市场竞争地位、优势进行评估，并不断提升，以达到行业最佳经营水平的过程。简言之，就是谨慎拟定你的学习计划，向赢家求教。其方法步骤如下：

第一步：找出问题所在，仔细想想你是输在哪里。

福特汽车公司于1980年派研究小组遍访美国国内福特汽车和日本汽车的经销商，并且比较在保修期间买主送修或索赔的纪录。他们发现日本汽车的索赔率比福特汽车的低。这是福特汽车小组访问后所得的第一印象。福特汽车面临日本汽车在美销售激增的压力，不得不自我检讨。

在检讨这些问题时，可以从和其他公司的谈话中获益良多。另外，如果你发现你的制造成本过高，但却不知原因何在时，就必须检查汽车生产线上的每一环节，并与其他同业比较。

第二步：选择能替你解决问题的公司。

可与供应商、顾客、行业协会、顾问公司接触，尤其不能忽视顾客。千万不要怕打电话，请向对手公司说："我们都有问题，但我们敬佩你们的做法，让我们分享这些做法吧"。

不要忘了拜访那些你不大熟悉的公司。而且，在注重技术细节的同时，不要忘了问你最关心的管理窍门。

你可能会因为受到意外的欢迎而受宠若惊，经验分享在今天的美国是被容许的。比如说，荣获美国政府巴德里治国家品质奖的条件之一，就是把自己的成功之道传授给其他公司。作为同行，也许他也正希望与你交流。

第三步：做好事前准备。

在访问一家公司之前，先要研究你自己的问题，盘算你可能做错而别人做对的地方。以安排此类访问而著称的美国华盛顿州三角点（Delta Point）顾问公司，要求客户主管在访问前先读8本书，并且接受80个问题的测验，然后才能安排他们去拜访其他公司。

在出发前拟就一份题库，让对方了解你想知道什么，而且先问清楚有哪些问题不可以问，是否可以拍照等。准备充分的拜访常会令人惊喜，或是会得到一些意料之外的答案。明确的目标可帮助你问该问的问题，而了解你自己的原始动机，可使你在事后了解这次访问是否对你有所改变。

第四步：出门拜访。

出门访问别家公司的时候要找几个公司里的人陪着，在事后可互相参考笔记，而且回公司作报告时声势也大一点。

在拜访的那一天，你要做下面几件事：

一要带一份精致的见面礼，以表示感激他们所给你的指点。

二要注意双方都重视的问题以及说出你的奋斗经过。你的对象说不定也想从你身上学点东西，因此说说你的故事可以用来引发一些话题。

三要准备书面问题，指定由谁来发问。注意时间，以免该问的问题来不及问。

四不要怕问问题，如果有不该问的地方，对方会让你知道。

五要赞美你所见到的，同时避免批评或指点。不要给对方你比他知道得还多的印象，但仍要能得到你所需要的东西。

最后，不要一味追求您想知道的答案或技巧，以免错过看起来不太重要而事实上能给你启发的问题。然而，这一方式常常不被参观访问者所注意，使之失去了学到一种简明有效方法的机会。

第五步：拜访后简要汇报。

一个访问团回来后，几乎都会带回来一大堆互相混淆的观感，除非加以整理，否则永远无法收到预期效果。因此，安排任务时要包括简要汇报，而且要在出发前定好时间，不然会因急于处理其他问题而忘记了。除此之外，在出发前就安排好回来后简要汇报的时间，这表示你是认真的，而不是出去玩玩。

混合使用以下三种任务简要汇报的效果最好：

第一，简短的全队简要汇报，这是在你一离开对方公司时就开始的，以求捕捉并讨论第一印象；第二，正式的简要汇报。详尽地研究所见所闻以及对公司有帮助的地方；第三，每一名访问团成员分别撰写书面报告。

第六步：化学习为行动。

决定学什么和要采取什么学习对策之后付诸实施。在公司内设立行动小组，明确目标和评核标准，以供公司真正评估，并吸收和运用这些知识。

第七步：将所学传遍全公司。

仔细制订公司所应采纳的重要做法，不只是局部的，而必须是全面的。然后把你在其他公司所学到的东西予以消化整理，并以演说、研讨会、录像带等任何方式，让全公司的人都可以学习并运用。反复强调你的计划，以显示你相信公司可以由此脱胎换骨。

第八步：以成绩向"老师"证明。

不要忘了帮助过你的"老师"，告诉他们你学到了什么。过一段时间之后，再告诉他们你学以致用的结果和碰到的难题。保持接触的结果，是你可以使他们进一步了解他们自己的做法，激发他们帮助其他人的意愿；同时在遇到新问题时，你永远可以再向他们请教。

第九步：重复循环。

当你开始看到公司改进有了成果，或是成果迟迟不出现的时候，就表示你得重新找出问题所在，并且向更多机构寻求协助。此时的你已进入所谓的"持续改进循环"时期。

如果你是管理者并学习了其他公司管理最好的一面，那么，你的公司就会成为最优秀的公司之一。

追求卓越是众多企业孜孜以求的企业精神。追求卓越就是追求完美，定下完美的标准，然后再设法超过这个标准，这是许多成功企业的必由之路。各行各业的从业者想成为未来行业的霸主，就必须有向同行学习的肚量。他们必须铁面无私地评估自己的目标和能力，然后模仿、学习、调整适应，最终达到超越的目的。

如何 与互补者建立伙伴关系?
——互补营销战略

当年红高粱餐厅开在麦当劳旁边，完全是出于品牌经营的考虑。有人认为，在麦当劳旁边开店，最大的缺点就是麦当劳会把生意拉走，从而会影响到红高粱的收入。

可王府井红高粱的经营实践，却告诉了我们完全相反的结论。1998年时，王府井那家全球最大的麦当劳分店停业了，麦当劳要搬迁了，说实在的，这对红高粱餐厅来讲是个"利好"消息。可是，红高粱餐厅结果却出人意料，反而下降了12%。

经过认真分析以后，我们可以找到答案：红高粱与麦当劳在一起，不是竞争关系，而是互补关系。麦当劳的主要消费群是孩子，红高粱餐厅主要消费群是孩子他爸他妈。孩子要吃麦当劳，孩子的父母要吃红高粱，因为它们只有一路之隔，于是各得其所。他们的消费路线是这样的：孩子领着大人（注意：是孩子领着大人）走进麦当劳——购买了汉堡包和薯条——大人带着孩子来到红高粱——大人购买了红高粱宽面条——孩子吃麦当劳，大人吃红高粱。

现在麦当劳一走，一批麦当劳的小吃客们不来了，去别处了，于是他们也把他爸他妈以及他的爷爷、奶奶给带到别处去了。

这种新的现代营销就叫作互补营销。互补营销是指企业在面临激烈的竞争和越来越成熟消费者的情况下，不再把所有的精力都放在竞争和市场上，而是注意到了市场中的另一个重要角色——企业在市场中的互补者。在开发新产品、开拓市场、面临竞争的同时，努力寻求一种与互补者建立营销伙伴关系的新型营销模式。

日本赫赫有名的本田汽车，其利润的30%不是销售汽车贡献的，而是通过为割草机、小游艇、摩托车等生产发动机获得的。

电影院旁开书店、商场里面开美食城、飞机上卖免税商品……

和洗衣房合作销售洗衣粉。

与卖婴儿床的合作销售玩具。

……

互补营销的灵感，只要愿意想，总能想得到。

互补营销中有如下几种产品组合。

1. 原有的互补性关系

很多产品天生就是一对，如牙膏和牙刷，洗衣机和洗衣粉，录音机和录音带等。此类产品的生产营销企业如果能结合成伙伴关系，会达到事半功倍的效果。

2. 相同的目标市场

如果不是竞争性产品，通常有可能针对相同的顾客群实施互补营销。这种通过多种产品配合的做法，通常会增强打动目标顾客的力度。

3. 季节性需求关系

很多产品具有季节特点，在销售旺季建立"畅销"声势，以季节互动品牌形成互长声势，既方便消费者又可获得互动的功效。

4. 过程的互补

过程的互补组合经常发生在旅行社的联合行动中。如度假旅游时，消费者会希望看到以下的广告："搭乘某公司飞机，赠一顿某饭店午餐"或是"夜宿某饭店，赠送某乐园门票"等。

5. 创新的互补关系

注重创新的公司总是能推出新奇方法，为伙伴增添色彩。事实上，伙伴关系对双方的利益的提升是体现在许多方面的。比如花店将航空货运公司的商标印在邮购目录和装花的箱子上，既为货运公司做了宣传，也向顾客表明花店的花能快捷递送，从而保持新鲜。

6. 共同研发的互补关系

知识经济的日新月异使竞争者在很多领域都不可能再单独行动。竞争者之间更多地表现在合作、创新上，共同把市场"蛋糕"做大。通过共同研发，双方都可以以较小的投入来实现各自既定的目标，此时他们就是互补者、合作者。

互补营销对于企业有很大好处：一是企业可以分摊费用，降低成本。营销战略伙伴可以共同推出组合产品，共同开拓市场，降低费用。通过实施互补营销，企业规模越大，单位产品的营销费用越低。二是企业可以扩大产品的功能空间。功能空间的扩大既能方便消费者的操作和使用，又能提高产品的附加值，产生1+1>2的效应。

怎样把社会利益与企业利益结合起来?

——公益营销

在北京生活过的人无人不晓莱太花卉,因为这里形态各异、色彩纷呈的鲜花着实让北京人享用了精神食粮。莱太花卉曾在北京电视台推出了一个鲜花与文明相伴的活动,以寻找并颂扬好人好事的形式制造气氛,烘云托月,让消费者越发爱上莱太的鲜花。毫无疑问,莱太花卉的最终目的是为了营销,但从另一个角度看,莱太是把企业的利益与整个社会的利益融入到整个活动的过程当中,挣的不是利益,不是份额,而是一种社会信誉,这种营销方式就是我们所熟悉的公益营销。

公益营销是企业借助公益活动与消费者沟通,以树立良好的企业形象,并借此以良好的企业形象影响消费者,使其对该企业的产品产生偏好,在做出购买决策时优先选择该企业的产品的一种营销行为。

公益营销不同于一般的促销活动,也不同于公关活动。不同于一般的促销活动是说促销活动单纯是为了提高产品市场占有率、树立产品形象,而公益营销是通过对消费者、对社会的关心来提升企业知名度,以企业形象的提升来带动产品形象的提升。

相对于促销组合,公益营销是综合性的完整的营销活动。公关活动着重于对特定对象进行全面的沟通,努力解决某个问题,维护、树立企业的正面形象;公益营销以关心消费者、关心社会的实际行动来引起消费者的共鸣，自然而然地对企业产生良好的印象。公关活动偏重于技术性，以预防危机为主要出发点；公益营销侧重于整体性，以塑造企业形象、勇于承担社会责任为诉求点。

当你打开电视，广告会扑面而来，如果你仔细体会的话，会发现有一些广告并不完全是推广企业的产品，而是宣传一种文明、和谐的社会理念。这样的广告属于公益性广告，属于公益营销的范畴。

雕牌洗衣粉有一个广告给人们留下了深刻的印象。一个稚气未脱的小孩子在洗衣服……一个下岗女工带着愁容回到家里……看见妈妈回家了，小孩给妈妈端来了洗脚水，这时画外音出现："我能帮妈妈干活了"。这个广告宣传了"百善孝为先"的优良文化传统，感人的画面让很多人反思应该怎样回报父母的养育之恩，公益色彩很浓。雕牌的一系列广告都具有的公益性质，既有助于社会的文明进步，又树立了企业的良好形象。

公益营销的方式有以下几种：

第一，尽显人性化的公益营销。随着现代社会人们的工作日趋繁忙、工作压力激增，人与人的交往、沟通越来越少，人情也越显冷漠。人性化公益营销便是针对这种社会现象，显示企业温馨面、人性化。这种公益营销活动最常见。如义卖产品将其所得捐助敬老院、孤儿院等。

第二，利用或通过揭示消费者普遍关心的具有新闻性的事件的新闻性公益营销。现实社会无时无处不存在新闻，把握消费者普遍关心的新闻事件的契机，对新闻事件中的人物或事件予以支持和帮助而展开营销活动，就是这种形式的集中体现。

新闻报道了贫困地区许多学龄儿童失学的消息后，许多企业纷纷捐资建立希望小学；一些企业的待岗下岗职工生活困难经新闻媒介披露后，许多企业为下岗人员再就业创造条件。东方航空公司闻知后，公布了招聘"空嫂"计划，专门为下岗女工提供再就业的机会。这都属于新闻化公益营销。

第三，消费者大众共吸引同参与的参与性公益营销。以民心的角度，对某种社会现象提出善意的建议或尖锐的批评，唤起消费者大众的共同参与，以达到关心社会、回馈消费者的目的。如，面对假冒伪劣产品泛滥成灾，消费者叫苦不迭，一些名牌产品生产厂家及商场采取悬赏等系列营销活动，使消费者积极参与并受益。

第四，反映时代潮流的趋势化公益营销。社会在不断地前进，同时也存在着某些负面效应，预示未来的发展及揭示需求方面的问题，引起消费者的注意及顺应时代发展而展开的公益营销活动。如：某净水器企业针对水资源日渐减少、水质污染而进行节水征文研讨、街头宣传等的营销活动。

当然并非所有的公益营销都是灵丹妙药。公益营销的运用必须以消费者利益为先导，以企业的社会责任感为前提，并与产品及企业形象相结合。如果单纯以营销为目的并不能收到如期的效果。试想一个制造假药的企业开展义卖活动效果会是怎样呢？运用公益营销还须把握适当的市场机会，有的放矢。

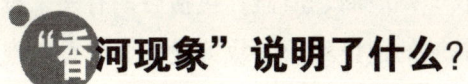

"香河现象"说明了什么？
——捆绑营销

捆绑营销是指两家或几家有一定关联的生产厂商把相关产品组合捆绑在一起以优惠的价格进行售卖的营销方式。"捆绑"不是倾销，不是折价销售，更不是有奖促销。应把它看成是一种集促销、销售、宣传等多种因素于一体的全新的营销方式，目的是节省资源、提高关联企业的营销效力。这种营销形式有利于提高营销服务层次，降低营销成本，增强企业抗风险能力并有利于各企业的品牌形象的提升，能使公司获得较为稳定的市场份额。

紧邻北京的河北香河市——一个不产木材的地方，却建立起全国排名第二的家具集散地，120万平方米的超大面积将39个展厅、22个家具城紧密捆绑在一起进行统一管理和宣传，这本身就是个奇迹。一个本身资源条件不好的香河却成了一个终端产品集中的地方，这种"香河现象"引发业界广泛探讨。

"买家具到香河，同样质量，批发价格"，几年前，这条广告语深入人心之时，香河家具城也在人们周末拖家带口地前往香河买家具的举动中红火起来，十里长街两侧高大宽敞的家具展厅鳞次栉比，整洁幽雅的展厅内名牌家具浩如烟海，更有业内人士把香河家具城在家具行业中的发展速度比作改革开放中创造经济发展奇迹的"深圳速度"，"香河现象"也由此得名。

"香河现象"的形成有几个方面，一是时逢家具行业在改革开放跟随房地产开发的脚步急速发展，带来了不少商机；另一方面是政府的扶持搭建了一个平台，政府从土地、税收、供应商、质监，包括后期有外来投资商等各个方面和角度，对香河家具城的建设给予了政策优惠。"香河现象"的出现除了区位优势以外，更重要的是建立了统一管理模式，39个展厅，22个家具城捆绑式地统一收费、统一对外打广告，有效地树立起整体形象。

捆绑营销的实施要点有以下几点。

1.选择合适的捆绑时机

对处于快速成长和畅销状态的产品，它不存在营销困难，因而捆绑的含义是有限的。只有当产品处于结构变革和竞争激烈的市场时期，这时采取捆绑营销模式才有利于增强竞争力，实现捆绑各方的"共赢"。

2. 明确各方核心优势和资源

只有在某些方面拥有核心优势的企业，才能成为联合捆绑的对象。而且，各方的资源互补性和共享优势越强，其结成共生关系的营销效力就越大。

3. 选择各方合适的捆绑产品

在捆绑营销中不能选择彼此竞争的替代性产品，而要选择那些互补性较强的产品，在某些情况下也可以选择彼此独立的产品。

4. 了解和重视合作方的资讯和诚意

这是捆绑营销非常重要的一个方面，是各方良好合作的基础，捆绑意味着一荣俱荣，一损俱损。所以，良好的企业信誉和真心实意的合作能弥补某些方面的不足，而彼此欺诈则使捆绑各方一起遭受损失。

5. 估算实施营销方案所需的成本和预期的收益

只有在实施捆绑营销的额外的收益大于额外的成本时，捆绑营销方案才是可行的。因此，企业应详细估算捆绑联合需要付出的额外成本费用。

怎样借助体育把生意做大?
——体育营销

体育营销包括两个层面：一是指将体育本身作为产品营销，从一支球队和它的运动员，到一场赛事、一次运动会，都可视为营销学意义上的产品，这个层面可以称之为"体育产业营销"。另一是指运用营销学的原理，以体育赛事为载体而进行的非体育产品的推广和品牌传播等营销现象。比如我们在世界杯中所看到的赞助商的一切活动和身影，以及它们产品、品牌的巧妙展示等。我们通常所说的体育营销是指后一个层面。

从理论上来说，体育营销的形式可以不拘一格，只要能借助体育平台来推广自己的产品、品牌即可。目前国际上体育营销主要有：冠名、赞助、合作伙伴、指定产品、广告、体育明星代言六大形式。

冠名、赞助和合作伙伴通常是国际知名品牌、资金雄厚企业的首选。如可口可乐是奥运会的TOP赞助商，中石化冠名F1中国站等。

广告与体育明星代言已经成为体育营销的普遍形式。如姚明之于中国联通，刘翔之于白沙集团等。

体育营销就是基于"体育赛事"这一平台，巧妙地把产品或品牌的相关信息与目标群体进行良好的沟通。要想做到这一点，那么在执行体育营销前，必须清楚以下四点。

第一，明确目标市场，清楚营销对象。

你的产品或品牌的目标市场，与你准备作为传播载体的体育赛事所能影响到的观众是否相关、是否有某种内在的联系。两者的相关度、一致性越高，体育营销的效果就越好。比如德国世界杯期间在CCTV—5《豪门盛宴》（世界杯期间央视主打的专题节目）节目中大量投放广告的雪花啤酒就是把准了这个脉。因为对于球迷来说，尤其对于那些在酒吧或家里看球的球迷来说，如果没有啤酒他们总觉得少了点什么。

第二，制定科学而清晰的战略和战术。

一旦决定利用某体育赛事，就必须根据营销战略和计划，制定科学而清晰的战略和战术，以实现预期营销或传播目标。首先，明确本次体育营销的目标是什么？提升品牌，还是单一的促销？其次，运用什么样的体育营销形式？冠名，赞助，还是其他？媒体、渠道和终端该如何配合等一系列问题。

三星体育营销是采取整体品牌战略，把作为企业无形资产的核心力量与企业竞争力源泉的品牌价值提高到世界水平，在统一的品牌形象的指导下制定和实施各地区和各业务领域的策略。为此三星电子通过赞助奥运会、亚运会等国际重大体育赛事开展体育营销等活动，使得三星的品牌与公众的距离进一步缩小，大大增强了三星电子品牌的好感度和亲和力，品牌价值得到了大幅度提升。

三星成为奥运会TOP赞助商后便围绕奥运营销制定了"让人一看到奥运的五环标志就能联想到三星品牌"的战略目标。为了实现这一目标，三星每年都会在俄罗斯和东欧举办三星长跑节，雅典奥运前夕三星举办了雅典奥运火炬全球传递活动，迎接2008北京奥运会万人长跑大赛等系列围绕体育所策划举办的各种体育赛事。

第三，制定长期的体育营销战略。

体育营销是战略而非战术，需要长期坚持，才能通过一次又一次的积累产生效果。体育营销为企业开展营销提供的主要是一种战略性的支持。它并不是单纯的体育冠名，或赞助，而是依托于体育将产品、品牌与体育赛事、体育项目结合，使体育文化与品牌相融合，以形成特有的营销文化。只有体育赛事中体现的文化融入到产品、品牌，实现体育文化、品牌文化与营销文化三者的融合，引起消费者的共鸣，在公众心目中形成偏好，才能成为企业的一种长期的竞争优势。所以，体育营销不能赚一把就走，更不能寄望于一次体育营销永远不倒，它需要企业长期的坚持并制定详细的战略才行。比如三星虽然是国际奥委会TOP赞助商，但三星并没有仅限于赞助奥运，或者说仅借助奥运会来进行体育营销。三星也赞助亚运会、世界杯这样的洲际赛事和全球性单项赛事。例如1998年曼谷亚运会、三星国家杯马术比赛、三星世界锦标赛（SWC）等。

第四，针对每次体育营销作定性和定量的评估与总结。

企业的每一次体育营销活动都需要投入大量资金、人力以及各种资源，最终的效益到底如何？这是企业最关心的问题，即"投资回报率"。这需要每一次体育营销结束后都进行定性和定时的评估与总结。评估包括三个层面：其一，品牌的曝光率如何？主要是评估媒体关注的规模和到达率（包括收视率、收听率、浏览率等），并以此来推算本次体育营销所影响到的人口规模和同等的媒体广告价值。其二，定性研究体育活动所影响的受众群对你的品牌，或产品的印象和感觉较之前有什么样的变化。其三，体育营销的前期、中期和后期你的终端反映是怎样的。

李宁品牌，连续四次为中国奥运代表团提供领奖装备，自1992年以来一直伴随着中国健儿登上荣耀的领奖台。作为一个专业的体育用品的品牌，李宁公司并不满足于只为国人制造的思想，而是放眼世界，寻找更多表现中国本土品牌实力的合作机会。从赞助中国奥运代表团的领奖服到专业单项赞助，从赞助法国体操队到西班牙国家篮球队，在设计、生产与销售上，李宁以国际化的标准给自己定下目标，依据这个标准一步步的走向世界。李宁品牌所承载的，已不仅仅是专业体育用品的内涵，更将是中国体育品牌走向世界的领路人。

总之，作为品牌提升和产品营销一柄利剑的体育营销并不是看上去那样简单，他需要企业运用整合营销传播的思想从品牌战略的角度去挥舞它，而不是一个简单的赛事冠名、赞助，或广告。

服务企业的利润是由什么决定的？
——服务利润链

1994年由五位哈佛商学院教授组成的服务管理课题组，提出了"服务价值链"模型。这项历经二十多年、追踪考察了上千家服务企业的研究，试图从理论上揭示服务企业的利润是由什么决定的。

简单地讲，服务利润链告诉我们，利润是由客户的忠诚度决定的，忠诚的客户（也是老客户）能给企业带来超常的利润空间；客户忠诚度是靠客户满意度取得的，企业提供的服务价值（服务内容加过程）决定了客户满意度；企业内部员工的满意度和忠诚度决定了服务价值。简言之，客户的满意度最终是由员工的满意度决定的。

员工的满意度可以是多方面决定的：岗位设计、工作环境、员工选拔培养、激励机制以及服务工具和技术支持等。有的研究表明，员工对自身服务能力的评价会影响其自身的满意度。

美国MCI电信公司对它的七个电话客服中心的研究表明，影响其内部员工满意度的因素是（按重要性排）：对工作自身的满意度、培训机会、薪水、晋升机会的平等、是否受到尊重、团队协作、公司对员工发展的关心。另外，员工离职面谈、员工服务热线等都可以是了解员工满意度的有效手段。

服务利润链理论，对于服务企业的营销效率和效益，增强企业的市场竞争优势，能起到较大的推动作用。主要体现在三个方面：

一是服务利润链明确指出了顾客忠诚与企业盈利能力间的相关关系。这一认识将有助于营销者将营销管理的重点从追求市场份额的规模转移追求市场份额的质量上来，真正树立优质服务的经营理念。

二是顾客价值方式为营销者指出了实现顾客满意、培育顾客忠诚的思路和途径。服务企业提高顾客满意度可以从两个方面入手，一方面通过改进服务，提升企业形象来提高服务的总价值；另一方面可以通过降低生产与销售成本，减少顾客购买服务的时间、精力和体力消耗，降低顾客的货币与非货币成本。

三是服务利润链提出了"公司内部服务质量"的概念，它表明服务企业若要更好地为外部顾客服务，首先必须明确为"内部顾客"——公司所有内部员工服务的重要性。为此，服务企业必须设计有效的报酬激励制度，并为员工创造良好的工作环境，尽可能地满足内部顾客的内、外在需求。

第3章

[营销战术课]

为何只有"致命的一击"才有真正的回报？

——聚焦法则

在犹太教的圣经中记载着这样一个故事：石头掉在花瓶上，花瓶碎了；花瓶掉在石头上，花瓶碎了。这个故事的意思是犹太的先哲在告诫子孙，任何时候都要运用这个原理，创造出敌人是花瓶、自己是石头的局面。

在营销上，这就是定位法则。这一概念是美国学者阿尔·里斯提出来的。他说："很多人认为，成功是许多微笑的努力所带来的结果的集合。事实上，无论你是否努力，表现在市场上的结果没有本质的差别。历史证明：真正在市场上卓有成效的是单一的、致命的一击。更进一步说，在任何给定的情况下，只有一个方向上的市场努力能够得到真正的回报。"

阿尔·里斯进一步指出："那些成功的公司经理们认为，致命的一击恰恰是竞争对手最不会预见的行为。因为能够找到一个这样的机会就已经很难了，不断找到这种机会几乎是不可能的。"

从根本上说，设计营销策略的本质是战胜竞争对手，假如你是在一个原本就充满竞争的行业领域，那么竞争就会更加激烈，也更加明显。在这种情况下，定位法则的指导意义就更为突出。

这种营销法则强调针对性、准确性。即针对不同的客户，提供不同的产品、采用不同的促销手段。

1. 一对一，不打"沙子枪"。为此，首先必须找到你要服务的、有需求的准客户——目标市场。

2. 设计你的产品，让产品精准地瞄准一部分客户，而不要妄想讨好所有的客户。

3. 核算你的成本，然后制定瞄准目标客户的价格。

4. 采用一定的促销手段，让目标客户了解你的产品、使用你产品、喜欢你的产品。

在此过程中，我们还必须不断地校准目标，根据变化了的目标客户，调整自己的位置，这就是营销中的定位。

英国战略学家和作家BH Liddel Han将聚焦战略这种"致命的一击"称为最不可能预见到的战线或战场。著名的诺曼底登陆所选择的地点就是一个布满了岩石的地方，这恰恰是德军认为最不可能登陆的地方。

汉尼拔越过阿尔卑斯山——一个其他人认为不可能越过的地方。

希特勒绕过马其诺防线，使其装甲车部队通过了阿登高地，这也是法国指挥官认为坦克不可能通过的地方。

同样在市场上，经常遇见的情况是竞争对手往往只有一个地方是最薄弱的。这个地方就是你需要集中优势力量使竞争对手落败之处。

通用汽车在20世纪80年代很长一段时间内，面临着来自日本的低端轿车的竞争，像丰田、日产、本田等，也面临着来自欧洲的高端轿车的竞争，如奔驰、宝马、奥迪等。

随着日本轿车和欧洲轿车的进攻，通用汽车有很大的压力。为了能够节省资源并保持利润，通用汽车作出了一个非常致命的决定，决定使用同一个车模生产不同品牌的轿车。几乎是在突然之间，人们无法辨别出哪一个是别克或奥兹莫比尔，因为它们看起来都差不多。

这种统一的做法削弱了GE（美国通用汽车公司）的中端市场，使得像福特公司又引入了特使和水星轿车，日本又引入了防库拉、雷克萨斯和无限。这就使GE在高、中、低端市场上受到了不同程度的削弱。致使通用汽车在北美市场后退到三名之外。倘若不是中国和其他新兴市场的崛起，通用汽车将非常危险。这种境况一直持续到20世纪90年代末期也未能有真正的改观。这也就不难理解，为什么2007年的金融海啸来临之际，福特尚能勉强自保，而通用却到了申请破产保护的境地。

因此，一定记住：你的竞争对手只有一个最薄弱的地方，你要做的最大努力就是集中优势力量对准一处，发出致命一击。这正是市场营销上最有效的策略和方法。

总之，通过在顾客满意中实行定位法则，可以有效地提高目标细分顾客的满意度和忠诚度，最终给企业带来最大限度的利润，也充分利用了忠诚顾客的潜力价值。这种方法使得企业在顾客满意度方面的调查和改进努力更加有效，也使得对顾客满意的研究更有意义。

为什么只有第一或第二品牌才能长期存在？
——阶梯法则

阿尔·里斯在他的营销著作《定位》中提出了两个启发人心的营销法则，即阶梯法则和二元法则，这两个法则的核心内容综合起来就是阶梯营销定位。他说："任何产品产生时都是不平等的。在人们做出购买决定时，头脑中总有一个产品次序。对于每一个类型市场，人们的心目中总有一个梯子对该市场中的各个产品进行排序，每一个梯阶都是一个品牌。

以汽车租赁服务来说，Hertz（赫兹）是第一，Avis（艾维斯）是第二，National（国民）是第三。"

阿尔·里斯认为，在一个新的市场类别出现的初期，对应的阶梯上可能有很多梯阶，也即有很多的品牌。但从长远看，最终该阶梯上将只有两个梯阶，也就是二元市场。在胶卷市场，有Kodak（柯达）和Fuji（富士）；在汉堡包市场，有McDonald's（麦当劳）和Burger King（汉堡王）；在运动鞋市场，有Nike（耐克）和Reebok（锐步）。

以可乐市场为例。在1969年，可乐市场上有Coca Cola（可口可乐）、Pepsi Cola（百事可乐）和Royal Crown Cola（皇冠可乐）三个主要品牌，分别占据60%、25%和6%的市场份额，剩余的份额由其他品牌的产品占有。二元法则预示着任何一个行业将来都只有两种品牌主导市场，并且，排名第一的品牌的市场份额将降低，排名第二的市场份额会增加。22年之后，也就是1991年，第一品牌的市场份额降低到45%，第二品牌的市场份额增加到40%，而排名第三的Royal Crown Cola则下降到3%，日渐式微。

认识到市场从长远来看是一个二元市场对于你制定近期或者中期市场战略是非常有益的。当你是某一类型市场的第三品牌时，就需要认真考虑一下自己的市场策略了。合适的市场策略对你的销售境况是起到关键作用的。成功的市场专家将会把主要精力放在第一和第二梯阶上。通用电气的前CEO杰克·韦尔奇曾经说过，在GE，只有那些在市场上是第一或者第二的产品才能在全球竞争市场中获胜，并被保留和飞速发展，剩余的或者被关闭，或者被整顿，或者被出售。

经常出现的是，在第二梯阶的位置上，往往不止一个品牌。以国内刚刚兴起的豆浆机市场为例，九阳是第一品牌，2008年占据81%的市场份额。但是排名第二的至少有两个公司，包括美的和步步高，每一个公司大约有5%～10%的市场份额。2009年上半年为止虽然豆浆机市场已经有大约20个品牌，而且很多生产小家电的公司还摩拳擦掌准备进入，但从二元法则来看，将来只有很少的品牌会存在。

在阶梯上占据第二或者第三位置的产品的销售情况可能看起来也非常诱人，销售额上升，新的顾客不断加入自己的客户群。但是，这些顾客往往开始不知道谁是市场上的领袖，所以他们往往在做出购买决定时，选择那些看起来比较吸引人或者有趣的产品。

随着时间的推移，这些顾客逐渐认识了市场，并认为市场上领先的品牌较他们以前选择的品牌会更好，所以他们会转而成为领先品牌的客户。值得注意的是，客户往往认可市场上产品的竞争。对于市场上第一、第二的品牌，客户会认为：这些品牌是最好的，因为他们是市场中的领袖。

按照这样的思路出发，营销策划的终极目的是要成为市场上的第一或者第二品牌，否则将来就难以生存。

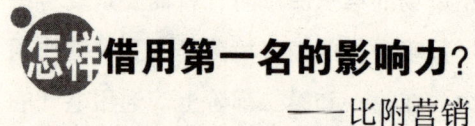

怎样借用第一名的影响力？
——比附营销

如果你不是市场的领先者，那你可以选择一个非常有效的营销策略，那就是比附定位。什么是比附定位？比附定位就是攀附名牌的定位策略。企业通过各种方法和同行中的知名品牌建立一种内在联系，使自己的品牌迅速进入消费者的心灵，占据一个牢固的位置，借名牌之光使自己的品牌生辉。

有一个很有意思的例子：美国的汽车租赁公司艾维斯（Avis）在很长一段时间内，广告主题是高质量的服务，如"最好的汽车租赁服务（Finest in rent-a-car）"等。但是人们看到这个广告后，就会觉得奇怪，艾维斯怎么会有最好的汽车租赁服务呢，它又不是第一号汽车租赁公司。

接着，艾维斯改变了市场策略，它承认了自己的位置，广告语也变成"Avis is only No.2 in rent-a-car, So why go with us? We try harder"（艾维斯仅仅是排名第二的汽车租赁公司，为什么要选择我们？因为我们正在努力改变现状）。在长达13年的时间里，艾维斯损失了很多钱。但是当它承认自己的地位时，它就开始赚钱了，而且赚了很多钱。但是不久艾维斯出售给了ITT公司，广告策略又变成了"Avis is going to be No.1（Avis 必将是第一）"。

但人们说：不，它不是，赫兹（Hertz）才是，甚至很多人直接打电话给Hertz。显然，这对 Avis 而言是个灾难，但这没有关系，因为这样做的只是一部分人。

就是最强大的竞争对手，也有自己的弱点。角力的最高技艺是，利用对方的力量来对抗对方。同样，一个公司应该充分认识到市场领袖的优势和弱势，并将对方的弱势转化为自己的优势，以便与领袖品牌相抗衡。换句话说，不要尽力成为更好，要尽力变成不同。

可口可乐是具有百年历史的第一品牌，只有7个人知道可口可乐的配方。根据对立法则，百事可乐提出了面向年轻一代的可乐饮料，声称这是新一代的可乐，并因此成为第二品牌。

对于任何类型的市场来说，总是有一些顾客希望购买第一品牌的产品，也总有一些顾客不希望购买第一品牌的产品。作为希望成为第二品牌的公司，就需要以后者作为市场策略的主要诉求对象。因此，如果百事可乐能够吸引到所有的年轻人选择它，那么还有谁会去喝其他品牌的可乐呢？但是，有太多的No.2希望能够取代No.1，这是不对的，你必须将自己定位成与No.1不同的东西，并努力成为No.1的替代品。

还有一个例子：

美国的汉堡王（Burger King）曾经非常成功，它将自己的市场策略直接针对麦当劳（McDonald's），如广告词"Have it your way（以你自己的方式）"对应于麦当劳的大批量生产；"Broiling, not frying（烧烤食品，拒绝油炸）"对应于麦当劳的油炸制作方法等。所有的这些营销策略都深深巩固了汉堡王的市场地位。

后来，不知由于什么原因，汉堡王放弃了这样的做法。它变得胆小并停止攻击麦当劳，广告语变成了"The Best food for fast times（快节奏时代的最好食品）"、"We do it the way you do it（你的方式就是我们的方式）"等等。它甚至开展了一个市场计划，来试图吸引小孩子，而这恰恰是麦当劳的主要客户群体。

最终，汉堡王逐渐丧失了自己的市场位置，并再也没有恢复到曾经的盛况。

时代在进步，社会在发展，市场在变化，要想使自己的产品能够长期立于不败之地，就必须有与众不同之处。

怎样使自己的品牌在众多的水族箱品牌中脱颖而出，是王先生日夜思考的一个问题。王先生聘请了具有专业水族箱设计经验的设计人员和研发人员，对该行业第一品牌"黑钻"水族箱的原料选用、风格设计、生产工艺等进行了全面、细致的研究，争取让自己的水族箱在各方面达到尖端水平。在团队的集体努力下，2005年10月，以黑钻为榜样的具有高贵风格的"精英"系列水族箱诞生了，并在广州展会上一炮打响，非凡的视觉体验给人留下了深刻的印象，比附营销策略取得了成功，但这仅仅只是一个开始，"精英"虽然在外观上达到了黑钻的视觉效果，但在质量和工艺上还相差甚远，为了达到完美、精湛的工艺，"精英"水族箱在接下来的一年里，反复摸索，不断实践，目前该品牌的水族箱已经成了消费者信赖产品，供不应求。王先生凭借着智慧和对消费者负责的态度又一次取得了成功。

总的来看，比附营销是一种非常有效的策略，想想看，如果我们不是第一位的，为什么不能利用第一位的影响力呢？这种借力打力的方式值得我们深入思考。

怎样避免与强势企业正面竞争？
——利基营销

"利基"是 niche 的译称。利基市场指市场中通常为大企业忽略的某些细分市场；利基营销又称"缝隙营销"或"补缺营销"，是指企业为避免在市场上与强大竞争对手发生正面冲突，而采取的一种利用营销者自身特有的条件，选择利基市场作为其专门的服务对象，对该市场的各种实际需求全力予以满足，以达到牢固地占领该市场的营销策略。

实行利基营销战略的主要意义在于，在整个市场上占有较低份额的公司可以通过灵活巧妙地拾遗补缺，见缝插针，经过周密的市场研究和专业的市场细分，能够充分了解到目标市场和目标顾客群的情况，因而能够比其他企业更完善地满足消费者的需求。实行利基营销的优势在于企业目标市场较小且单一，便于进行市场研究；便于企业加强客户服务；有利于企业掌控营销目标；有利于企业避免与主要竞争对手的正面竞争，减少失败的可能。

豆瓣网的成功在于专注于利基市场，不与强势企业正面竞争，"不拿鸡蛋碰石头"，而是通过专业化经营、见缝插针地占据有利的市场位置。

豆瓣网douban.com是一个图书、音像、电影评论的网站，也是一个成功的网站，一个发展时间越长，用户越多，气氛越浓郁，聚合力越强的网站，由于已经建立起了一定的客户信誉，从而有力地保证了自身地位，对抗竞争者的攻击。

豆瓣网定位于文化产业，市场规模相对有限，能容纳竞争对手有限。中国人口世界第一，但是喜爱读书的人有多少？读书又上网的有多少？上网又知道豆瓣的有多少？有个朋友做过统计，最后估算出来最终的人群有5万~10万，而这个数字恰恰是豆瓣网创办前三年的发展情况。在如此规模的市场来看，模仿和抄袭者难有作为。

另外，有实力的竞争者基本上很少考虑去搞个豆瓣网出来，转型也要付出惨痛的代价。由于豆瓣网的诞生是在一个Web2.0在国内刚刚兴起的时候，风格在当时与众不同，具有较强的创新性，但是对于传统网站来说，Web2.0意味着革命，很有可能是革"老命"。猫扑网也只是增加一个频道，因为如果单独搞一个豆瓣，面对小众市场，投入的财力太大、用户群发生冲突不说，还会背上抄袭者的丑名，最重要的是，即使都做到了还未必创造价值。

利基营销不是万能的，一般来说，它的运用必须具备以下条件：

（1）该市场有足够的规模或购买力，从而可能获利。

（2）该市场有增长潜力，不会短期萎缩。

（3）企业有满足市场需要的技能和资源，可有效地为之服务。

（4）企业能够依靠已建立的客户信誉，保证自身地位，对抗竞争者的攻击。

不同的企业在运用利基营销时应采取不同的策略，中小企业在准备进入一个相对陌生的利基市场时，在市场分析过程中应重点注意：顾客位于何处，产品使用者的力度如何，产品购买者的购买力有何变化，主要重复购买者真正需要什么样的服务，应该具体运用何种促销方式。

着力开拓市场，引导购买增加的大企业运用利基营销时应侧重注意的是：调查使用相同和相似产品的顾客，找出目前不用，但有可能使用本企业产品的顾客，设法利用现有产品（线），开发新产品，寻找新兴市场。

步步为营的战术怎样运用到营销中？
——堡垒式营销

堡垒式营销是企业集中全部营销资源，综合运用各种营销手段在某一个目标市场上，实施稳扎稳打、步步为营的战术，脚踏实地做好零售终端与营销网络工作，当企业产品的市场占有率上升到绝对统治地位时，再考虑向其他目标市场推进。

堡垒式营销的主要特点有：

（1）堡垒式营销追求的是一种长期的、具体的市场目标，它不在乎一时一地的得失，甚至在短期内不惜临时放弃一些目标市场，但企业最终是要赢得主攻的目标市场。

石家庄"珍极"酱油作为一种高档酱油，在进入市场的初期，在华北地区全面开花，特别是在北京市场，1994年，企业投入100万元广告费，仅获得了不到0.3%的市场占有率，最后连销售额广告费都补偿不了。公司最后认识到："珍极"酱油要像日本酱油一样，树立高档品牌形象，进入国内外高档酱油市场，就必须改变战略，收缩战线，实施堡垒式营销，把企业的市场面集中到石家庄地区，将石家庄市场作为企业最终赢得国内外高档酱油市场的第一个坚固"堡垒"，经过5年努力，"珍极"品牌终于走向全国，并在美国建立了生产厂。

（2）堡垒式营销奉行的是一种集中兵力，以点寻求突破的战略思想。作风稳健、擅长阵地战的企业家，在面对一个巨大市场时，通常认为：伤其十指，不如断其一指，与其全线出击，不如收紧拳头，集中企业全部力量，主攻某一个关键性的目标市场。这样，堡垒式营销就是最有利于企业生存和发展的战略选择。

（3）堡垒式营销的组合重心是分销网络建设，特别是零售终端的建设。通过细致的零售终端建设，不仅可以在某一个区域市场上形成大量的产品分销出口，而且还可以使产品的特点、利益得到充分的展示，在消费者的心中留下深刻的印象。宝洁公司的一种高档化妆品进军中国市场时，发现与当地化妆品不在一个档次上，而且只有上海、北京等少数市场上有销路，于是公司首先将上海市场作为营销的第一个堡垒，并把大量的广告费省下来用于专卖店和化妆品专柜的建设以及营业人员、导购员的培训，待上海这一个市场堡垒巩固以后，再用相同的办法去营建第二个"堡垒"——北京市场。

（4）堡垒式营销赢得的市场面较窄，但产品在这一区域市场上的占有率很高，企业对各种营销手段的控制力很强，因而市场基础非常牢固。

（5）堡垒式营销承受的风险较大，它相当于企业"把所有的鸡蛋装在一个篮子内"，一旦该区域市场营销受阻，短期内企业的营销目标将彻底搁浅。

企业在市场推进的战略决策时，应当充分考虑以下营销因素：

（1）市场范围的大小。从空间上看，当一个企业的市场范围很大，大到企业的开发能力、管理能力都不能适应时，要降低营销风险，只能采取堡垒式营销。

（2）企业实力的强弱。当一个企业实力较弱，营销预算不足时，比如说营销人员严重不足，促销资金预算不多，如果实施堡垒式营销，等于把这一把盐撒到一锅水中，营销效果自然会好得多。

（3）产品市场生命周期的长短。当一个产品的市场生命周期长到十多年、甚至几十年时，企业实施堡垒式营销才会收到持续的营销效果，即每建立一个坚固的市场堡垒都可以获得绝对统治地位的市场占有率。

（4）营销障碍的多少。当市场中消费习惯差异大、需求种类多，而企业自身的价格与品质之间矛盾十分突出时，只有采取堡垒式营销，每个区域市场分别推出一套拓展方案，才能逐个攻克这些营销障碍，最终赢得所有区域市场。相反，如果市场面临的营销障碍少，整个市场可以视为同质市场时，就可以采取撒网式营销，迅速进入并占领整个市场。

（5）市场竞争的激烈程度。当市场竞争激烈，对手太多时，为了避免引起众多竞争者的激烈反应，使企业在市场上腹背受敌，堡垒式营销则可以增强企业在某一个区域市场上的竞争力、战斗力。相反，企业就可以采取撒网式营销。

（6）产品利润空间太小。人民生活必需品，购买频率高的低值易耗品，一般单个产品包含的利润较小，企业不可能拿出巨大的赚头来吸引众多的分销商，只有采取堡垒式营销，才能较好地摆脱产品的利润约束。

为何说"一流的企业卖标准"？

——标准营销

概括起来说，企业竞争有三个层次：第一个层次是价格和质量的竞争。物美价廉的商品往往能够获得较多的市场份额。比如，我国的许多产品在参与国际竞争时，采取价格竞争策略，通过薄利多销获利。第二个层次是专利技术的竞争。拥有专利技术的厂商在竞争中占有优势地位，它们通过专利许可或者商标转让赚取丰厚利润。第三个层次是标准和制度的竞争。企业通过技术研究、营销的方式，将企业的技术标准变成市场通行的标准，进而从根本上垄断行业市场。

标准竞争与制度竞争是相辅相成的。如果能够掌握规则的制定权，那么就能占领标准确认的制高点；反过来，如果能够将企业的技术标准变为市场普遍使用的标准，那么在未来制定新规则时，就可以抢占先机。

一个有规律性的现象是：如果两种产品技术水平相当，只是技术标准不同，而一个产品在市场销售中占据优势，那么，今后所有的市场都可能会采用其技术标准。这就提醒我们，在推销自己的技术标准的同时，应实现产品的市场化，并尽可能多地占领市场。

丰田汽车全球标准的营销体系在世界车业享有盛誉，素有"销售的丰田"说法。某跨国公司内部的一份分析报告中这样评价丰田："丰田强势之处在于丰田是许多标准的创造者，如精益生产、4S店。全球标准的营

销体系，使它在各区域市场中节节取胜"。丰田畅销美国、加拿大、澳大利亚、欧洲和中东以及包括日本在内的亚洲等国，2003年丰田销售超过福特，2004年成为通用的直接对手。

有人说，一流企业卖标准，二流企业做技术，三流企业做产品。标准化竞争已经成为大企业营销竞争的制高点。假如一个企业希望在标准领域占据一席之地，那么该怎么做呢？

首先，提高自主创新能力。打铁先得自身硬。只有拿得出有竞争力的技术标准，才谈得上让市场接受你的标准。而这就必须转变单纯依靠数量扩张的经济增长方式，着力提高自主创新能力，努力开发和掌握更多的自主知识产权。

其次，从战略纵深层面重新审视自身的业务选择及营销策略。你能否成为行业标准或者你是否会在原本可能成为行业标准的情况下丧失机会，有时候并非想象中的那样复杂。IBM允许微软将DOS系统授权给更多的厂商就导致自己丧失了一个建立行业标准的绝佳机会，导致IBM在PC领域的惨败。所以，市场专家需要深谋远虑，考虑更纵深的市场发展态势。

再次，假如有机会成为某一行业的标准，那么一致的推进就是必须的。有的时候，市场会成全一个标准者的出现，比如当所有个人电脑使用者的界面都是Windows时，它就是一个标准；而当所有人都使用营养盐的时候，普通盐就丧失了优势——强大的市场力量足以决定企业的市场行为。但是，保持一个行业标准者的地位是不容易的，它意味着你必须时时领先。微软一直在技术领域不断更新，从不放弃任何机会巩固和加强自己的市场地位。而一个侧面的例子是恒基公司的"商务通"，专家们认为它原本可能成为一个行业标准，但它并没有投入更多的力量将它转化为一种"标准"。当众多有实力的公司都在致力于将自己打造成一个"标准者"时，恒基的失误显然不是一个小的疏忽。

这仅仅只是沧海一粟，在标准营销上成功的或失败的都比比皆是。而标准营销是如此吸引着企业，无数的企业正在实践着这条竞争法则，所以我们不得不深入地思考它。

打破常规的营销策略从何而来？
——非典型营销

在突发事件面前，我们能够打破常规，出奇制胜，靠的是勇气和良好的心理素质，我们把非常规的营销活动称为非典型营销。非典型营销的核心是：营销的生命力在于出奇制胜和不断创新，从变化着的营销环境中捕捉市场机会，将会收到意想不到的效果。

例如转移市场就是一种非典型营销。一般企业在市场受阻之后，会通过加大推广力度、培育顾客等手段直接发动营销攻坚战，但是非典型的成功策略则是转移市场。因为各地消费习惯、经济状况各不相同，有些商品在这个地方市场销路不好，并不意味着在其他地方销路也不好。

中国内地的红木家具在香港市场上不是很畅销，原因是香港人住房面积小，喜欢少占地方的家具；而在西欧则不同，红木产品大行其道，因为西欧人住房宽敞，不在乎占地多少。又如湖南有家铸造厂生产的窨井盖近年在港、台市场上受到了巨大的冲击，销售每况愈下。该厂没有硬撑或盲目转产而是设法易地移位，果然在东南亚的一些国家找到了新的市场。

限制供应物以稀为贵，紧俏的东西总是好的，这是消费者的一般认识。抑制供应正是迎合消费者的这种心理。其优点主要有三：一是可以使商品在消费者眼里更有吸引力，从而使潜在需求上升，使企业能够获得整个市场上较大的份额；二是商品的短缺可能成为人们关注的新闻焦点，能给公司树立良好的形象，进而创造更多的商机；三是等待短缺产品时，顾客可能会购买公司其他滞销的替代产品。当然，采用这种方法的风险也很大，它可能非但不能创造市场反而会缩小或失去市场。因而采用此策略必须谨慎，要做好市场调查，最好用于产品质量较好或某种流行产品。

日本以经营电子游戏卡而著名的天堂公司，在其游戏卡销售达到高潮时，曾采用限制供应的办法，造成一时缺货的现象，最典型的是其在1988年圣诞前夕，零售商定了11亿张游戏卡，而任天堂公司仅提供3.3亿张，有趣的是，这种短缺创造了更多的消费需求，公司也因此而获得了上述诸多好处，并巩固和创造了更多的游戏卡销售市场，不到几年，其年销售额已达50亿美元，被称为"任天堂奇迹"。

非典型营销活动的开展，通常表现在以下几个方面：

（1）逆向思维，运用与传统思维和习惯背道而驰的逆向思维方法，往往能取得意想不到的效果。

（2）市场创新，创新是保持企业竞争力的基础。

（3）后发制人，先做大量的市场调查和研究，生产受消费者欢迎的产品，使之成为市场的领导品牌。

（4）巧妙互补，找出产品的互补性，把市场做大。

（5）化"危"为"机"。

（6）转移市场。

（7）限制供应。

沃尔玛的成功秘籍是什么？

——薄利多销

薄利多销是指商家为了扩大销售量采取的降低单位产品价格，以便于招徕顾客，加强市场渗透，提高产品的市场占有率，从而增加企业的总利润的商业手法。

在早期的经营生涯中，山姆·沃尔顿发现，如果每件商品进货是80美分的话，标价1美元，卖出的货的数量是标价1.2美元的3倍。这时，虽然每件商品的利润可能会减少，但由于卖出的数量很多，因而整体利润要高很多。这个道理很简单，但蕴含着折扣销售的精髓：降低价格，刺激销售量，进而提高整体盈利水平。

薄利多销并非山姆·沃尔顿的新发明，事实上早在沃尔顿进入商界之前，这一原则已被广泛应用，但像沃尔玛公司这样实行力度之大，范围之广，持续时间之久，运用之成功，倒很难找出第二家。

沃尔玛公司的高级管理人士回忆说："山姆·沃尔顿非常迷恋这种经销原则，并要求将这一原则作为公司的基本经营原则之一加以认真贯彻执行。"他们举例说，对于拟订标价为1.98美元的商品，他说50美分就可成交，我们建议，既然拟订价格为1.98美元，我们就标1.25美元吧，他说不，我们就标50美分。这种令人不敢相信的优惠价格使得公众普遍认为去沃尔玛公司购物是物有所值。

这一"比任何一家公司都走得更远"的薄利多销原则并没有使沃尔玛公司遭受损失，反而使公司赚得了更多利润。1997年，其销售收入高达1 198亿美元，高居世界零售业榜首，并成功跻身世界500强前十名，位居第八。沃尔玛公司不仅获得了很高的企业文化力量分值，同时也有很高的企业长期经营业绩的分值。这无疑说明了强有力的企业文化能促进企业业绩的增长。

许多学者也同意这种观点，他们进一步解释说："沃尔玛公司员工的积极性是其企业文化和公司高级管理人士激励的产物，正是这种积极性，使该公司的经营业绩成就卓著。"很显然，沃尔玛公司强有力的企业文化"是强有力型企业文化最为典型的例子之一"。在沃尔玛公司的企业文化体系中，强有力型企业文化的主要特征得到了充分的体现，并被提高到一个更高的层次，那就是"将原则演绎到极致"。在沃尔玛公司的企业文化中，许多原则并非是该公司首创，但很少有公司将它们运用得如此得心应手，如此有特色。这一文化体系无疑是我们建立和运用强有力企业文化的最好的实践证明。

沃尔玛创始人山姆·沃尔顿1962年在阿肯色州乡村创立第一家连锁店时靠的就是这一条。当年，沃尔顿对其商店的定位就是中下阶层，经营服装、饮食以及各种日常杂用品，最重要的是以低出别家商店的价格出售，因而吸引了众多顾客，连锁店越开越多，但"天天低价"的法则始终没有变。沃尔顿有句名言："不管我们付出的代价多大，如果我们赚了很多，就应当转送给顾客。"

如今，沃尔玛旗下在美国拥有连锁店约3 500家，其他国家拥有1 100家，全球雇员1 200多万人，是一个实实在在的企业帝国。但不管你走进哪里的沃尔玛，"天天低价"仍然是最为醒目的标志。为了实现低价，沃尔玛想尽了招数，其中重要的一招就是大力节约开支，绕开中间商，直接从工厂进货。统一订购的商品送到配送中心后，配送中心根据每个分店的需求对商品就地筛选、重新打包。这种类似网络零售商"零库存"的做法，使沃尔玛每年都可节省数百万美元的仓储费用。

财力资源是沃尔玛早期存在问题之一。在以40%的速度增长的同时，必须有足够的资金去支持成长，这非常困难。尽管从一开始沃尔玛的获利性就很好，并且直到1970年才上市。在此之前，沃尔玛一直都不能从社会上筹集资金。所以沃尔玛必须保证所有的扩张努力都是对的。如果开一家新的分店，沃尔玛公司通常对它的要求是能在90天内开始产出现金，以便用来资助其他的发展计划。

在实际经营管理中，"薄利多销"的原则被广泛应用于下列几个方面：

（1）产品有生命力，但销售步入低谷时，采用薄利多销，可激发顾客的购买欲，以刺激产供销环节的周转。

（2）产品属市场淘汰之列，以多销微利保本为原则，将企业损失降到最低限度，争取时间，开发出新产品。

（3）市场上同类型产品多，竞争激烈时，采用薄利多销、降本让利策略，可争夺同类产品的顾客，促进本企业产品覆盖率、辐射率、市场占据率的提高。

（4）新产品试销阶段，以薄利多销方式尽快使产品进入市场，扩散影响，提高知名度，建立市场信誉和威信。

（5）原料来源充足、技术性一般、市场吞吐量大的产品，可以采用薄利多销的原则，充分发挥企业设备效益、资金效益、技术效益，形成较稳固的生产、供应、销售三位一体的发展实力。

为何会有人"不买对的，只买最贵的"？
——极效营销

丰田的雷克萨斯汽车最初进入欧美市场时，定位是高端商务人士和政界客户，定价略低于奔驰汽车，但车内装饰和节油性优于奔驰，对奔驰汽车构成了直接的威胁。奔驰如何应对这个来自日本的"入侵者"，业界人士拭目以待。奔驰的对策是"把与雷克萨斯车定位重合的奔驰轿车售价提高1万美元"，出人意料的是这一打破常规的策略非常成功，奔驰轿车高高在上的"极品"形象得到了加强，反而让售价"低廉"的雷克萨斯车身份尴尬。极效营销大获成功。

在市场营销竞争中，会产生许多特点不同的销售方法，极效营销就是其中一种。极效营销就是避开行业上通行的、传统的营销套路，而选择一种极端的营销方法。特点是将产品"极品"化，使营销产生一种市场"极效"效果，从而获取利润。它具有小额市场占有率、大额市场利润，产品质量一流，产品性能独具特色等特点。极效营销在市场上的运用数量不多，但成功率较高，并且它能够较快地引起人们的关注和兴趣，为市场拓展打下基础。

极效营销的实施步骤是：

首先，建立产品"极品"的形象。

企业要做到极效营销，首先要把产品的形象进行"极品"化处理。

一般说来，一个产品的"极品"形象，可以从四个方面得以反映：一是产品包装；二是产品品质；三是产品价格；四是售卖场所。为此，企业可以从这几个方面对产品进行极品化处理，一要优化产品品质；二要优化产品包装；三要优化产品宣传。尤其是在产品的包装上要严格要求，不到其"极"不罢休。只有产品形象"极品"化以后，才有可能产生出市场"极效"。

其次，谋求"极位"的产品定位。

实施极效营销，在产品定位时也要把产品往"极位"处定位，即要为产品寻找一个最高档的卖点，这个卖点所瞄准的目标顾客必须是具有高消费能力或高品位的顾客。只有"极位"化的定位，才能给人以极端的感受，使该类消费者产生出极强的消费欲求。

最后，制定产品"极端"的价格。

做极效营销还要使产品的市场价格符合"极品"的要求。只有超高标准的"极端"定价策略才能够符合目标顾客的"极位"心理。而且要把定价"极端"化，营销者才有可能产生出来利润"极效"。低价策略是不允许在这一营销战略上使用的。

世界上有许多名牌产品，使用的都是极效行销战略，而且它们都取得了极大成功：汽车市场中的"劳斯莱斯"品牌；时装市场中的"登喜路"品牌；果酒市场中的"人头马"品牌；中国白酒市场中的"茅台"品牌等。

在1997年，使用这一战略的成功案例是"锐步"鞋在印度市场上的销售。在印度，一双中档锐步跑鞋的价格是2 500卢比（58美元）。这等于是买一头牛的价格。锐步公司的地区主管潘特先生曾说："我们起初也为定价感到不安，但结果是这一价格给我们带来了意想不到的好处。"这一年他们在印度共卖出了30万双锐步鞋。在1998年，锐步公司又在那里推出了3 000双"三维电石鞋"，每双鞋售价高达5 000卢比，这等于一台高级电冰箱

的价钱，结果，4天之内这一款式的鞋就被人们抢购一空。

我们从以上的案例就可以看到，极效行销确实突破了传统行销的框框，大可以让人跌破眼镜。

实施极效营销要把握好恰当的时机。

第一时机，市场竞争激烈时。

市场越是疯狂，企业就越应谨慎，不可"随波逐流"。激烈的市场竞争中，如果没有一些超常规的做法，产品就很难赢得顾客。"极效营销"就是一枚攻坚的炸弹。它的极端行为，容易引起大众的好奇，也容易促使一部分人去"逆潮流"地"畸形"消费。

第二时机，企业产品上档次时。

有时候扩展企业的产品线是必要的。有些企业在一个时期内，一直在经营低档产品或中档产品，为了谋求生存空间和营业利润，这个时候，可以考虑使用极效营销战略。但它必须有一个前提，即企业的低档产品或中档产品在市场上的形象较佳，并且已经具有一定的市场占有率。这样，在企业发动极效营销攻击时才会被消费者较快地认同，并且不会导致竞争对手的舆论攻击。

第三时机，企业产品形象提升时。

当企业的产品形象在消费者心目中处于提升时期时，适于用极效营销。而对于一个劣质形象产品，马上实施极效营销就不适宜。这中间有一个形象"代沟"的问题。劣质形象是低谷，而极效营销属高峰线，两者之间缺乏衔接。所以相对来说，一个无名的新品牌产品执行极效营销比一个不好的老品牌产品执行极效营销其成功率要大得多。

第4章

[产品策略课]

如何实现产品的"不完全替代性"？

——差异化营销

差异化营销就是企业凭借自身的技术优势和管理优势，生产出在性能上、质量上优于市场上现有水平的产品，或是在销售方面，通过富有特色的宣传活动、灵活的推销手段、周到的售后服务，在消费者心目中树立起卓尔不群的良好形象。

对于一般商品来说，差异总是存在的，只是大小强弱不同而已。而差异化营销所追求的"差异"是产品的"不完全替代性"，即在产品功能、质量、服务、营销等方面，本企业为客户所提供的是部分对手不可替代的。"鹤立鸡群"是差异化策略追求的最高目标。

现代营销理论认为，一个企业的产品在客户中的定位有三个层次。一是核心价值，它是指产品之所以存在的理由，主要由产品的基本功能构成。如手表是用来计时的，羽绒服是用来保暖的。二是有形价值，指与产品有关的品牌、包装、样式、质量及性能，是实际产品的重要组成部分。三是附加价值，其中包括与产品间接相关的或厂家有意添加的性能和服务。如免费发货、分期付款、安装、售后服务等。这些构成了差异化战略的理论基础。

在此基础上，为研究问题的方便，一般把差异化战略分为产品差异化、市场差异化和形象差异化三大方面。

1. 产品差异化

产品差异化是指某一企业生产的产品，在质量、性能上明显优于其他生产厂家的同类产品，从而形成独自的市场。对同一行业的竞争对手来说，产品的核心价值是基本相同的，所不同的是在性能和质量上，在满足客户基本需要的情况下，为客户提供"独特"的产品。这是差异化战略追求的目标，而实现这一目标的根本在于不断创新。

农夫山泉把产品质量的差异化作为战胜对手的法宝。作为天然水，水源是农夫山泉一直宣扬的主题。天然水对水源的要求极为苛刻，它不像纯净水可以用自来水经过原水净化后就能达到出售的标准，天然水的水源必须是符合一定标准的地表水、泉水、矿泉水，取水区域内要求环境清幽、无任何工业污染。农夫山泉在早期的广告中就告诉大家"农夫山泉——千岛湖的源头活水"，因为国家一级水资源保护区"千岛湖"的水资源是独一无二的，而农夫山泉来源于千岛湖水面下70米PH值（酸碱度）最适宜的那一层。因此，在农夫山泉红色的瓶标上除了商品名之外，又印了一张千岛湖的风景照片。与其他商品相比，差异性立刻凸现出来，无形中不但彰显了其来自千岛湖水源的纯净特色，红色亮眼的商标更在一摆上货架的同时，立刻抓住了众人的目光。

2. 形象差异化

即企业通过实施通常所说的品牌战略而产生的差异。企业通过强烈的品牌意识、成功的品牌战略，借助媒体的宣传，使企业在消费者心目中树立起优异的形象，从而对该企业的产品发生偏好，一旦需要，就会毫不犹豫地选择购买这一企业的产品。如果说，企业的产品是以内在的品质服务客户的话，那么企业的形象差异化策略就是用自己的外在形象取悦消费者。

在胶片行业，几乎所有人都了解柯达的黄色、富士的绿色、乐凯的红色，这就是形象差异化在色彩上区别。

在白酒业，有茅台的国宴美酒形象、剑南春的大唐盛世酒形象、泸州老窖的历史沧桑形象这些差异化的形象。

3. 市场差异化

指由产品的销售条件、销售环境等具体的市场操作因素而生成的差异。大体包括销售价格差异、分销差异、售后服务差异。

从价格上讲，与同类产品相比，价格有高中低之分。企业是气壮如牛地选择高价呢，还是先屈后伸选择低价策略，抑或实施高不攀低不就的中间策略呢？最主要的还要根据产品的市场定位、本企业的实力和产品的市场生命周期来确定。海尔在冰箱市场上始终以高价位出场，给人以物有所值的感觉；长虹彩电多次打低价战也屡屡得手。

分销渠道，在同类产品中根据自己的特点和优势采取合适的销售渠道可以取得事半功倍的效果。

在化妆品行业，有一些大品牌专门在高档卖场销售，而有一些大品牌则以在美容院销售为主，还有美国雅芳公司根据化妆品的特点，采用上门直销的独特方式，也取得了非凡的经营业绩。

随着买方市场的到来，相同功能、相同质量的产品越来越多，人们为什么要舍此择彼呢？售后服务差异就成了对手之间的竞争利器。

同是一台电脑，有的保修一年，有的保修五年；同是销售电热水器，海尔实行24小时全程服务，售前售后一整套优质服务让每一位顾客心情愉悦。

实施差异化营销策略，科学、缜密的市场调查、市场细分和市场定位能够为企业决策者提供客户在物质需要和精神方面需要的差异，准确地把握客户需要什么？在此基础上，分析满足客户差异需要的条件，根据企业现实和未来的内外状况，研究是否具有相应的实力，明确"本企业能为客户提供什么？"这一主题。如果是耐用消费品，应以产品差异和服务差异为主攻方向；如果是日用消费品、食品饮料则应以树立形象差异为重点。

　　差异化策略是一个动态的过程，任何差异都不是一成不变的。首先，随着社会经济和科学技术的发展，客户的需要也会随之发生变化，昨天的差异化会变成今天的一般化。例如，人们以前对手表的选择，走时准确被视为第一标准，在石英技术应用之后，"准"已不成为问题，于是人们又把目光集中在款式上，如果手表生产企业再把走时准确作为追求的战略目标，显然是不适时宜的。其次，竞争对手也是在变化的，尤其是在价格、广告、售后服务、包装等方面，很容易被那些实施跟进策略的企业模仿。任何差异都不会永久保持，要想使本企业的差异化战略成为"长效药"，出路只有不断创新，用创新去适应客户需要的变化，用创新去摆脱对手的"跟进"。

　　差异化策略是一个系统。在具体操作中，经营者不仅要根据行业内竞争态势、企业产品的市场生命周期、产品的类型实施相应的差异化策略，更有必要使差异化策略形成一个系统，全面实施。实施产品差异化，要为客户提供独具一格的产品，为对手所不能为，慧中而秀外；还应该从包装到产品的宣传都显示出明显的差异，在客户中建立难以忘怀的形象。值得指出的是，任何一种差异化策略的实施都要付出一定的代价，增加售后服务项目就要加大销售成本，加大宣传力度就要支出一大笔广告费用，但只要能够顺利达到预想的差异化效果，或者能为企业带来长远的利益，这种选择就是值得的。

　　实施差异化策略要加强营销全过程的管理和控制，尤其需要注意客户的反馈。因为任何营销策略实施的成功与否，进行最终裁决的是作为上帝的客户，得不到客户的认可，再完美的策略也只不过是纸上谈兵。只有通过客户的反馈，才能准确地判定是采用保持、取消还是加速实施自己的营销策略。国内一些企业往往习惯于运用自己的销售渠道来收集信息，而不善于直接从客户那里获取信息，有的甚至宁愿挥金如土去漫无目标地做广告，也不愿意花小钱去从客户那里获取营销效果的反馈。

总之，差异化策略是与竞争对手进行比较后的选择，是一个动态的控制过程，是相互补充的完美组合，"鹤立鸡群"、"羊群里跑骆驼"是其追逐的目标，成功与否的最高标准是得到客户的认可。

为何情感化的产品大受欢迎？
——感性营销

随着人们生活水平的提高、消费观念的更新，当今消费行为的经济属性已日渐淡化，其社会心理属性日趋明显，在消费过程中所流露出的感性色彩日渐浓厚，消费者越来越重视消费中的情感价值及其商品所能给自己带来的附加利益。

换言之，消费者购买商品越来越多是出于对商品象征意义的考量，其购买动机已不再停留在仅仅为了获得更多的物质产品以及对产品本身的占有，而是为了商品的象征功能而购买，也就是说人们更加重视个性的满足、精神的愉悦、舒适及优越感。这种消费现象被称为"感性消费"。

以满足人们心理感受作为重要衡量标准的商品称作感性商品。研究资料表明，商品感性的种类有明亮感、高贵感、情趣感、充实感、艺术感、自然感、复古感、时代感等，而此类特色正是现代社会众多消费者所刻意追求的，因此感性营销应运而生。

所谓感性营销，就是指企业的营销活动情感化，将"情感"这根主线贯穿于其营销活动的全过程。其主要有两方面的含义：一是要研制开发出富有人情味的产品（或服务）；二是要采用充满人情味的促销手段。

一个经营者若能恰当地把握这一趋势，推出令消费者感到"正中下怀"的情感化产品，就一定能轻而易举地赢得顾客、赢得市场。

一方面，要想开发出感性商品，应该注意以下几点：

（1）掌握不同消费者的不同心理需求，并在此基础上创造出别具一格的分门别类的感性设计。

美国艾士隆公司董事长布希耐一次到郊外散步，无意中看到几个小孩在玩一只肮脏和异常丑陋的昆虫，简直到了爱不释手的地步。这种情况使布希耐认识到，一些丑陋的玩物在部分儿童心理上占有一定位置，于是他机敏的头脑中产生了一个灵感，促使他让自己的公司研制一套"丑陋玩具"，迅速向市场推出，一炮打响，并且掀起美国行销"丑陋玩具"的热潮，艾士隆公司也因此获益不浅。

（2）要给商品起一个富有文化底蕴、感情色彩浓厚且又耐人寻味的名字，使人一闻其名就不由遐想联翩。

无锡红豆集团将其生产的各种款式的衬衣都统一命名为"红豆"，使人一看到"红豆"两字，就不由联想到唐代著名诗人王维的《相思》一诗："红豆生南国，春来发几枝，愿君多采撷，此物最相思"，并由此而勾引起人们的相思之情。因此，以"红豆"命名的衬衣一问世，就立即备受不同层次、年龄的消费者的青睐。老年人把红豆衬衣视为吉祥物；年轻的情侣喜欢将其作为寓情之物互相馈赠；海外华人看到红豆衬衣，不禁"触物生情"，倍感亲切。由于"红豆"衬衣质量上乘，"红豆"这名字既有浓郁的人情味，又别有文化韵味，人见人爱，因此，"红豆"衬衣一炮打响，在市场上畅销不衰。

（3）要树立诱导消费的观念，做好引导需求、创造市场这篇大文章。

中美合资广州宝洁公司生产的"海飞丝"洗发香波之所以能在中国洗发水市场上"鹤立鸡群"，独领风骚，就得益于其公司对消费者消费观念的诱导、消费需求的引导。国人原先对头发里长头屑不屑一顾，也从不把它看作一个问题，总觉得没有什么了不起。可是在"海飞丝"洗发香波的一场广告心理大战的"蛊惑"下，广大消费者都普遍"恐慌"起来，大家强烈意识到，有头屑是使用劣质洗发水的结果，并由此产生这样的联想：使用劣质洗发水者是档次不高的人，低档次者才会有头屑，有头屑者难以进入白领阶层的社交圈，甚至还会影响恋人朋友间的感情，进而得出这样的结论：要去掉头屑，就必须使用"海飞丝"洗发香波。于是，该公司旷日持久的广告宣传就无形中在全社会制造出一种必须使用"海飞丝"洗发香波的时尚，从而使其成为少男少女们扮靓显阔的必需品、加深情侣感情的黏合剂，使该产品很快走俏于市场，宝洁公司也因此转眼间成了年销售额突破亿元的超级化妆品企业。

另一方面，在感性营销中要求在促销时要采用情感化的促销手段。

感性营销，不仅要求企业针对消费者的消费心理、情感需求，有的放矢，投其所好地推出感性商品，而且还要求企业采用情感化的促销手段，在推销商品的同时把情感推销给"上帝"，以通过推销情感来达到掏"上帝"腰包的目的。

比如馈赠顾客小小礼品，或是不时创新和美化商品的陈列以吸引顾客。而集科学性、艺术性和浓郁感情色彩的广告是其中最重要的也是最常见的一种。

同样是促销手表，台湾某企业利用母亲节大做广告，其煽情夺人的广告词这样写道："妈妈以时间换取我的成长，她那推动摇篮的手是最舍不得享受的手，在母亲节里，别再让妈妈的手空着，欢迎儿女们为妈妈选一只星辰表，送给妈妈一份意外的惊喜。"

看到这样的广告，还有哪一位热爱母亲的儿女能不动心呢？

瑞士某钟表公司推出了一种带夹子的石英表，用一幅富有魅力的标题作广告："手腕的自由"。因为传统的手表是佩戴在手腕上的，而该表构思独特，把表面附着在一个夹子上，让人随便夹在衣襟上的表以及获得自由的手腕，整个广告既表现了新产品的特色，又刻画出了给使用者带来方便的喜悦，引起消费者强烈的共鸣。

在运用感性营销策略时还必须注意以下几个问题：

（1）无论是开发情感化产品，还是采取何种情感化促销手段，其出发点都是了解该时期社会文化趋向和消费者心理态势。

当今世界制鞋业首屈一指的美国麦尔维尔·高浦勒斯制鞋公司就因为敏锐地洞察到：在经济富足时期，人们购鞋的眼光开始由价廉、质优转移到体现自我的心态。于是该公司致力开发各种富于感情韵味的鞋子，如优雅型、深沉型、轻盈型、野性型等。从而在消费者群中引起强烈共鸣，并创造该公司历史的销售最高峰。

（2）要看其与同类产品相比是否拥有"差别性优势"。

要注意收集市场信息，并通过对信息的整理、加工，使其"去伪存真，去粗取精"，以从中了解消费者的心理，把好"上帝"需求的脉，掌握市场动向，特别是对同类产品的有关情况了如指掌，进而在掌握可靠信息的基础上抓住商机，果断决策，抢先推出新产品，"先声夺人"。

（3）对消费者的感情投入要适度。

与消费者的感情交流与投入也有个"度"的问题。也就是说，经营者在向消费者推销其情感时，既要注意分寸，又要讲究推销的艺术，推销得巧妙自然，恰到好处。否则将弄巧成拙，适得其反。

（4）经营者要根据感性消费和所固有的特点，在经营方面要做到灵活多变。

由于感性消费追求个性、追求时髦，具有很强的时尚性，许多感性商品更新换代比较快，其产品市场生命周期比较短，加之，随着产品的扩散和流行，各种仿制品与同类产品纷纷涌入市场而导致商品的兴衰过程缩短。因此，在经营方面要做到灵活多变，在生意做到五分时就考虑转向，只有把生意做活，"活"中有"变"，才能以变应变，以避免在市场饱和状况下企业所遇到的经营风险和财务风险。

为何农夫山泉自称"大自然的搬运工"？
——绿色营销

随着全球环境保护意识的增强，世界各国经济都在实施可持续发展战略，强调经济发展应与环境保护相协调。作为绿色保护运动的一个重要组成部分——绿色营销正成为社会和企业认真研究的热门课题。

所谓绿色营销是指企业在生产经营过程中，将企业自身利益、消费者利益和环境保护利益三者统一起来，以此为中心，对产品和服务进行构思、设计、制造和销售。

北京长城饭店在每间客房内放置一张淡绿色的节能卡，提醒房客在每次离房前熄灯，关掉空调、电视等，以节约能源。自觉节能是世界性的呼声，是人类对自身生存和发展的关注，是现代人文明素养的一种表现。身为五星级的大饭店，欢迎入住客人参加节能活动，其用意当然不仅仅在于对自身利益的考虑，更重要的是对公众做了一次节能意识的影响和引导，体现了一个大企业对社会的责任感。事实证明，"节能卡"新颖别致，加强了公众对节能活动的理解与认同，也为长城饭店的形象增添了一份亮点。

绿色营销是指企业以环境保护为经营指导思想，以绿色文化为价值观念，以消费者的绿色消费为中心和出发点的营销观念、营销方式和营销策略。它要求企业在经营中贯彻自身利益、消费者利益和环境利益相结合的原则。因此，绿色营销管理包括以下五个方面的内容。

1. 树立绿色营销观念

绿色营销观念是在绿色营销环境条件下企业生产经营的指导思想。传统营销观念认为，企业在市场经济条件下生产经营，应当时刻关注与研究的中心问题是消费者需求、企业自身条件和竞争者状况三个方面，并且认为满足消费需求、改善企业条件、创造比竞争者更有利的优势，便能取得市场营销的成效。而绿色营销观念却在传统营销观念的基础上增添了新的思想内容。

企业生产经营研究的首要问题不是在传统营销因素条件下，通过协调三方面关系使自身取得利益，而是与绿色营销环境的关系。企业营销决策的制定必须首先建立在有利于节约能源、资源和保护自然环境的基础上，促使企业市场营销的立足点发生新的转移。

对市场消费者需求的研究，是在传统需求理论基础上，着眼于绿色需求的研究，并且认为这种绿色需求不仅要考虑现实需求，更要放眼于潜在需求。

企业与同行竞争的焦点，不在于传统营销要素的较量，争夺传统目标市场的份额，而在于最佳保护生态环境的营销措施，并且认为这些措施的不断建立和完善，是企业实现长远经营目标的需要，它能形成和创造新的目标市场，是竞争制胜的法宝。

与传统的社会营销观念相比，绿色营销观念注重的社会利益更明确定位于节能与环保，立足于可持续发展，放眼于社会经济的长远利益与全球利益。

日本横滨本田车销售公司总裁青木勒在每天外出和上下班的途中发现，汽车在行驶中排出的大量废气不仅直接污染了城市空气，还进而影响了街道绿化树木的生长，构成了对环境的破坏。青木勒为此深感内疚，决心为环境保护尽一份义务，于是规定公司"今后每卖一辆车就在街道两侧种一棵纪念树"。随后又决定将销售利润的一部分转为植树费用，以减轻越来越多的汽车废气对城市环境的破坏。这种别出心裁的营销策略，使本田汽车的销售量与"绿"俱增。

2. 设计绿色产品

产品策略是市场营销的首要策略，企业实施绿色营销必须以绿色产品为载体，为社会和消费者提供满足绿色需求的绿色产品。所谓绿色产品是指对社会、对环境改善有利的产品，或称无公害产品。这种绿色产品与传统同类产品相比，至少具有下列特征：

（1）产品的核心功能既要能满足消费者的传统需要，符合相应的技术和质量标准，更要满足对社会、自然环境和人类身心健康有利的绿色需求，符合有关环保和安全卫生的标准。

"绿色标志"是指依据有关环境标准、指标和规定，由国家政府部门或某个具有权威性的认证机构确认并颁发的一种标志。这是一种印在商品或其他包装上的图形，其样式因国而异。世界上主要的环保绿色标志是德国的"绿色天使"、日本的生态标志及中国的绿色食品标志等。从各国情况来看，产品一旦被贴上"绿色产品"的标签后，身价大增且有供不应求之势，就等于取得了进入市场的"绿色通行证"。

（2）产品的实体部分应减少资源的消耗，尽可能利用再生资源。产品实体中不应添加有害环境和人体健康的原料、辅料。在产品制造过程中应消除或减少"三废"对环境的污染。

绿色设计是指在生产过程中采用清洁技术、无污染技术，降低资源消耗，减少环境污染；使产品在使用消费过程中，有利于消费者身心健康，减少对环境的污染和破坏。这就要求企业在研制开发绿色产品时，在保证产品质量的前提下紧紧抓住绿色这个主题，用环保的观念进行设计。

（3）产品的包装应减少对资源的消耗，包装的废弃物和产品报废后的残物应尽可能成为新的资源。

绿色包装是指节约资源，减少废弃物，用后易于回收再用或再生，易于自然分解，又不污染环境的包装。它在发达国家已广泛流行，在我国还是刚刚起步。这就要求我国企业在包装商品的过程中，既要努力降低其包装费用，又要考虑到包装废弃物对环境的污染程度，不断研制开发出新型的绿色包装材料，如纸包装或一些与橘子皮、鸡蛋皮、香蕉皮等有类似功能的"天然包装物"仿制品，探索一条"绿色包装"的新路子，也有利于突破一些新贸易保护主义利用包装为我国设置的技术性壁垒。

（4）产品生产和销售的着眼点，不在于引导消费者大量消费而多多益善，而是指导消费者适度消费，避免浪费，建立全新的绿色消费观。

3.制定绿色产品的价格

价格是市场的敏感因素，定价是市场营销的重要策略，实施绿色营销不能不研究绿色产品价格的制定。一般来说，绿色产品在市场的投入期，生产成本会高于同类传统产品，因为绿色产品成本中应计入产品环保的成本，主要包括以下几方面：

（1）在产品开发中，因增加或改善环保功能而支付的研制经费。

（2）在产品制造中，因研制对环境和人体无污染、无伤害而增加的工艺成本。

（3）使用新的绿色原料、辅料而可能增加的资源成本。

（4）由于实施绿色营销而可能增加的管理成本、销售费用。

但是，产品价格的上升会是暂时的，随着科学技术的发展和各种环保措施的完善，绿色产品的制造成本会逐步下降，趋向稳定。企业制定绿色产品价格，一方面当然应考虑上述因素，另一方面应注意到，随着人们环保意识的增强，消费者经济收入的增加，消费者对商品可接受的价格观念会逐步与消费观念相协调。所以，企业营销绿色产品不仅能使企业盈利，更能在同行竞争中取得优势。

曾有一份全球性的调查报告显示，66%的英国消费者愿意付更高的价格购买绿色食品，80%的德国人和67%的荷兰人在购物时考虑环境问题，有77%的美国消费者愿意为绿色包装多付钱，而且这部分消费者的比例正在日益扩大。可见绿色产品备受青睐；另外，由于绿色产品在开发研制过程中用于环保的投入增加了，其成本也高于普通产品，具有较高的技术含量和环保价值，又有益于消费者的身心健康，因而价格可以定得高些。以绿色食品为例，芬兰政府允许其价格比一般食品高30%，日本则允许高出20%左右。但这种策略不能作为企业长期的定价策略，为了企业的长远发展，应在环保技术的开发研究上下工夫，不断革新技术，降低成本。可以预料谁拥有先进的环保技术和环保产品，谁就能在激烈的市场竞争中赢得胜利。

4. 绿色营销的渠道策略

绿色营销渠道是绿色产品从生产者转移到消费者所经过的通道。企业实施绿色营销必须建立稳定的绿色营销渠道，策略上可从以下几方面努力：

（1）启发和引导中间商的绿色意识，建立与中间商恰当的利益关系，不断发现和选择热心的营销伙伴，逐步建立稳定的营销网络。

（2）注重营销渠道有关环节的工作。为了真正实施绿色营销，从绿色交通工具的选择，绿色仓库的建立，到绿色装卸、运输、贮存、管理办法的制定与实施，认真做好绿色营销渠道的一系列基础工作。

中国的矿泉水市场竞争非常激烈，早有"娃哈哈"与"乐百氏"的双雄争霸，后有雀巢、康师傅等的介入，农夫山泉能够异军突起名列三甲，与其长期开展绿色营销是分不开的。其广告词"农夫山泉有点甜"向消费者传达了健康饮用水的信息，其"千岛湖水源地"、"大自然的搬运工"的广告陈述，又准确地描述了其源自大自然、保护大自然、亲近大自然的营销理念。其中的成功真谛，值得玩味。

（3）尽可能建立短渠道、宽渠道，减少渠道资源消耗，降低渠道费用。

5. 搞好绿色营销的促销活动

绿色促销是通过绿色促销媒体，传递绿色信息，指导绿色消费，启发引导消费者的绿色需求，最终促成购买行为。绿色促销的主要手段有以下几方面：

（1）绿色广告。通过广告对产品的绿色功能定位，引导消费者理解并接受广告诉求。在绿色产品的市场投入期和成长期，通过量大、面广的绿色广告，营造市场营销的绿色氛围，激发消费者的购买欲望。

（2）绿色推广。通过营销人员的绿色推销和营业推广，从销售现场到推销实地，直接向消费者宣传、推广产品绿色信息，讲解、示范产品的绿色功能，回答消费者绿色咨询，宣讲绿色营销的各种环境现状和发展趋势，激励消费者的消费欲望。同时，通过试用、馈赠、竞赛、优惠等策略，引导消费兴趣，促成购买行为。

（3）绿色公关。通过企业的公关人员参与一系列公关活动，诸如发表文章、演讲、影视资料的播放，社交联谊、环保公益活动的参与、赞助等，广泛与社会公众进行接触，增强公众的绿色意识，树立企业的绿色形象，为绿色营销建立广泛的社会基础，促进绿色营销的发展。

20世纪80年代，麦当劳因每天都在制造垃圾——废弃的包装物，逐渐成为环保人士攻击的对象。在环保危机的威胁下，90年代初麦当劳推出了"种植一棵树"的绿色公关宣传活动，并着手抓好三方面工作：一是减少包装；二是减少使用有损坏环境的材料；三是使用较易处置、能降解成肥料的材料。这样使环境污染物减少了60%，在社会公众面前成功地塑造了"绿色麦当劳"的新形象，为麦当劳在激烈的市场竞争中赢得消费者的厚爱创造了良好的社会氛围和经营环境。

"蓝瓶的钙"为何大获成功?

——色彩营销

当你在家打开电视看见一条广告说"选蓝瓶的钙!"时,你想到了什么?
也许你不知不觉就产生了"蓝瓶的钙就是钙的代言"的想法。如果这
样,那么这条色彩营销的经典广告就大获成功了!

用色彩来创造与同类竞争产品的差别,以强化产品在消费者心中的形
象,这就是色彩营销。换言之,所谓色彩营销就是指企业根据市场特点,
充分利用色彩表现手法体现其产品的外部特征来进行营销组合,以满足顾
客的特定需求的一种营销活动。

心理学研究表明,人的视觉器官在观察物体时,最初的几秒内色彩感
觉占80%,而形体感觉只占20%,两分钟后色彩占60%,形体占40%,5分钟
后各占一半,并持续这种状态。可见产品的色彩给人的印象鲜明、快速、
客观、明了、深刻。因此,对于冲动型、激情型的顾客群体,鲜艳明了的
产品会一下子满足他们的购买欲望,瞬间效应特别明显。

苹果电脑的彩色机壳、麦当劳快餐的红黄、柯达胶卷的金黄标志、可
口可乐的鲜红色彩等,这些都与企业品牌特征紧密相连,色彩也就成为了
商品附加值的一部分。这种用亮丽的色彩装点商品、包装商品以及品牌宣
传,以加深消费者对商品的认知记忆程度,激发购买欲望,便是色彩营销
的无限魅力。

色彩营销的载体是很广的，通过色彩来提升商品的商业价值的载体和途径较多。颜色可以在产品方面调配，也能（或同时）在商品的包装、广告、商业环境、企业形象、宗教民族等诸多方面加以考虑。这是因为市场上同质同类的产品很多，消费者对产品的颜色又显眼花缭乱，只有把握好产品（从广义上讲）颜色特征的表现形式，才能让顾客心爽、眼爽，留下较深的视觉印象，从而在心情最佳的状态下购买商品。

色彩营销一般伴随着娱乐化营销。好娱趋乐是人的本性，色彩与娱乐气氛是一对孪生兄弟，现代科技的进步使色彩和娱乐正在进行着前所未有的亲密接触，两者结合起来，将能有效拉近产品与消费者之间的距离，加大产品的营销造势。

鲜明、生动、形象、时尚的色彩营销，最终都要落到人性化上面。人性化是色彩营销的根本所在。不同品牌的商品，面对不同的购销对象——人，色彩这个特殊的营销工具将扮演着沟通的重要角色，展示着产品的魅力和提升品牌价值，色彩效应只有充分符合时代特征，满足消费者时尚的人性化需求，才能在日趋激烈的竞争中，发挥它独特的功效。

苹果公司曾在1999年推出了一款彩色外壳的电脑，配合上独特色彩的鼠标，半透明的材质，使得该款电脑一经上市就大获成功。而国内IT企业在色彩方面的发展和投入并不落后于世界其他国家。比如联想，几乎与苹果同期推出过"天禧"系列台式彩色电脑。这也是世界上第一个用在消费领域的彩色电脑系列。联想在市场实践中，成功地运用了色彩对消费者的影响，也为自己带来了更多的商机，创造出IT产品新的卖点。如今联想公司更是成立了色彩研究所，专门通过研究色彩，把握消费者，占领市场。

在竞争日趋白热化的中国汽车市场，吉利豪情色彩轿车率先提出"色彩营销"理念，毫无遮掩地将火红、翠绿与湛蓝展现出来，在汽车营销理念上占据了市场制高点。

另外，手机外壳，从欧洲经典的商务绅士色彩灰、银、蓝等金属冷色调，到以白、红、绿等韩日风潮，从诺基亚"换壳"机的风靡，到摩托罗拉跳舞手机E398的动感DISCO闪灯，色彩不断冲击人们的眼球，挑战人们的想象力；从单色机到三色机，从256色到今天的26万色，手机屏幕的显示效果直逼电脑显示器；从短信到彩信，从七色背景灯到分组来电闪，甚至连个性化的铃声也被命名为"彩铃"……人们的视野被色彩带入了一个全新的世界，人们的喜怒哀乐从此拥有了更个性的表达方式。在使用功能之外，手机也被赋予了个性、时尚、装饰等多种附加功能。

以前，色彩研究更多的是运用在纺织、服装等传统行业，但现在，越来越多的企业开始意识到色彩在增加产品附加值方面发挥的巨大作用。

2005年中国夏日的天空，被世界两大饮料巨头给渲染成红、蓝两种色彩。一边是蓝色风暴瞬间引爆，一边是"要爽由自己"的红色宣言；一边是F4、古天乐、谢霆锋的蓝色拯救英雄行动，一边是S.H.E.正义的红色之战。这个夏天，注定要在两乐的红蓝大战中度过。

只要我们稍微留心一下我们的周围，就会发现很多商店的门头或路牌广告，不是百事蓝色风暴，就是可口可乐的红色宣言。而且，几乎所有的冷饮店冰柜上也是被两乐的广告所占据。在我们的周围时时充斥着红蓝两种色彩，好像我们喝可乐只有红蓝两种选择。"可乐我要蓝色的。"这是百事路牌广告上的广告语。这种色彩识别定位被百事可乐与可口可乐公司演绎得颇为好看。在可口可乐的广告中，红色元素的应用象征着可口可乐"要爽由自己"的价值诉求。百事明星们更是第一次以彩蓝色的染发造型出现在广告中，并且彻彻底底从头蓝到脚，在百事的预告片中，蓝的运用发挥到了极致。崭新版本的百事广告特别邀请古天乐和F4担任主演，出镜明星以百事的主打蓝色从头武装到脚，连头发也采用蓝色，完美符合了"百事蓝色风暴"的全新广告语。

台湾超人气组合S.H.E.加盟则是可口可乐"冰爆风城"篇广告的一个亮点。她们首次以CG人物的形象共同演绎了以魔兽世界为主题的电视广告，在这个广告片中，魔兽上司身着蓝装与S.H.E.的红装对决，在S.H.E.打败兽人之后，她们拿出可口可乐来喝，因为她们是胜利者，广告画面红色的渲染给人视觉以强大的冲击力。

从"两乐"的红蓝广告大战中，我们看到了色彩在营销中应用。色彩营销将传统的灌输手法表现成无形的却又非常有效的沟通，很自然地引起消费者的购买行为。研究表明，红色使人心理活跃，绿色可以缓解紧张，灰色使人消沉，淡蓝色使人凉爽……色彩的这些特点可以用来调节情绪，影响智力，改善沟通环境，从而使其在营销中有着广阔的应用前景。百事可乐的蓝色给人以凉爽之感，这在炎热的夏日，很容易引起人们的购买欲，你会情不自禁地来一瓶"突破渴望"。同样，可口可乐的红色使人活跃，充满青春活力，是否来一瓶爽一下，正如广告语中的"要爽由自己"。

色彩营销策略的实施步骤简要介绍如下。

1. 对商品形象进行设定

明确公司自身商品的消费对象和公司产品的战略地位，同时兼顾时代潮流、其他相关商品的用途、客户的嗜好等信息，为自己的商品设定恰当的形象。

2. 概括色彩形象概念

概括上面所提的一些基本形象概念，与此同时，仔细考虑色彩的组合问题、包装的色彩、商品本身的造型、材料和图案等，选定恰当而具体的颜色。

3. 展开销售计划

销售计划的实施必须要给顾客留下深刻的印象，销售计划的成功运作需要借助于商品本身、包装、宣传资料、说明书、商品陈列等色彩形象策略。

4. 建立信息管理系统

建立信息管理系统，就是要收集资料，掌握"什么东西最好卖"和

"为什么好卖"两个基本点，检验色彩营销策略成功与否，同时建立商务信息资料系统，利用色彩营销积累的经验、资料，更有效地为色彩营销策略提供有效的支持。

为何卖产品不如卖文化？
——文化营销

到北京旅游的人有三个景点是必去无疑的—— 故宫、长城、颐和园。除此之外，有一些游客还必定要吃一顿全聚德的烤鸭、逛一逛后海的小胡同。全聚德的烤鸭店早已开遍各地，后海的小胡同，其实也不过是皇城根下的一排排小平房和四合院。游客趋之若鹜的原因，其实是"醉翁之意不在游，而在于感受老北京的皇城根儿文化"。北京的旅游业经营者，逐渐把皇城根儿文化作为吸引游客消费的重要手段。于是乎，老舍茶馆夜夜爆棚、解放前的老字号小吃店恢复营业，甚至连前清时期专为高官做鞋的内联升布鞋店也四处开花……北京向游客推销的，绝不仅是产品和服务，而是文化。

文化营销实质上是指充分运用文化力量实现企业战略目标的市场营销活动。在市场调研、环境预测、选择目标市场、市场定位、产品开发、定价、渠道选择、促销、提供服务等营销活动流程中均应主动进行文化渗透，提高文化含量，以文化作为媒介与顾客及社会公众构建全新的利益共同体。

文化营销含义有四：其一是企业借助于或适应于不同特色的环境文化开展营销活动；其二是企业在制定市场营销战略时，须综合运用文化因素实施文化营销战略；其三是：文化因素须渗透到市场营销组合中，制定出具有文化特色的市场营销组合；其四是：企业应充分利用营销战略全面构筑企业文化。

　　美国的"肯德基"卖的是美国快餐文化，法式大餐卖的是欧洲贵族的高雅文化……以文化之"窗口"扬企业之美名，树企业之形象，这正是营销的精髓之一

　　在国内，端城饭店、长城饭店、老舍茶馆等都是国内饭店业中响当当的巨头，以其高品位、高附加值、高质量、高文化含量、高服务水平成为广大消费者喜欢的著名品牌。尤为引人注目的是，其文化含量远远高于其产品自身的价值。

　　端州古郡，肇废新城，这个广东省西部著名的风景城市，其奇秀山水曾赢得多少文人雅士、英雄豪杰的击节赞叹，叶剑英元帅将这里的星湖和七星岩比作："借得西湖水一圈，更移阳朔七堆山。"丰富的文化资源自然也就成了端城酒店业的特色资源。今天的星湖之侧，在造化的杰作之外更添了一重文化奇景：论标准仅属"三星"的端城大酒店，却因其独到的经营策略和高超的文化品位，缔造出一个"五星级"的艺术殿堂，珍藏逾千幅明清、当代书画及大家精品于一堂，广结海内外墨缘、艺缘，不但知名度辐射至大江南北，吸引来宾客如云，更在当代旅游界、艺术界留下一段佳话。书画中心只是端城大酒店文化战略的一部分，作为一家三星级的酒店，端城之所以区别于普通饭店，更重要的在于其独特而又深厚的文化个性。

　　美国著名的广告专家大卫·奥格威说："最终决定品牌市场地位的是品牌总体上的个性，而不是产品间微不足道的差异。"端城大酒店以书画收藏为特征，并把书画、文化的优势充分展现出来、创造奇迹，则是酒店

科学运用企业文化营销的成果。酒店在市场导向的指导下，在店名和地理特征的基础上创立一套自身精神风貌，"缘结翰墨中"，以书画会友，扩大影响，并通过电视专题节目推销自身的文化形象。有了主动塑造整体特征风格的企业文化意识，才会有以书画为特色的五星级艺术殿堂，才会使海内外的名人诗句、江南的工艺品及知名人士的字画统统为我所用，集书画文化之大成，好像打开了一座宝库，取之不尽，用之不竭。

21世纪是文化营销的时代，市场竞争的加剧和消费者需求的变化使得文化营销具有广阔的发展前景。对消费心理的研究表明，顾客作为社会个体，扮演着不同的角色，在一定的文化影响下，他们会寻求特定的生活方式。因此，消费的需求将向文化型消费转变。每一个体的消费心理都体现了对文化的需求，这种消费心理决定了21世纪的营销重点是如何满足人们文化心理的需求，即企业以何种文化作为营销手段去开拓市场。

你买的食用油是"1：1：1"吗？
——概念营销

火锅是很多国人都喜欢的美食，火锅店也开遍了大街小巷。可是"小肥羊火锅"却能异军突起，在这个传统行业做成了巨无霸。这家公司是怎样做到的呢？原因很简单，当小肥羊把"不蘸小料的火锅"这个概念推出来之后，人们先是抱着试试看的好奇心理前去消费，尝过之后发现味道与众不同，这时"小肥羊"再及时推出"不蘸料更健康"的绿色环保概念，让人觉得这样的火锅代表了新的潮流，成为了忠实的消费者。这就是概念营销的魅力。

所谓概念营销，作为一种创新的营销方式，即用有特色的概念产品与概念服务赢得市场。从本质上说，概念营销是一种整合营销策略，在顾客心目中树立起本产品区别于同类产品的突出利益点，促使顾客接纳此概念，进而产生购买的动机。

当一种产品面临竞争者的挑战时，企业可以用新概念营销来巩固并开辟市场。2003年，海尔空调有不俗表现，最主要的因素来自于产品的概念创新——氧吧空调。

养生堂在推出"农夫果园"饮料时，同样借助概念营销的策划手法，其拍摄的广告片非常简洁、清晰，"含有三种水果，喝前摇一摇"的广告词，配合父子夸张的动作，很快就让消费者记住了其产品概念，快速形成高知名度，"农夫果园"的销量也开始快速上升。

2002年，"金龙鱼"又一次跳跃龙门，获得了新的突破，关键在于其新的营销传播概念"1∶1∶1"。看似简单的"1∶1∶1"概念，配合"1∶1∶1最佳营养配方"的理性诉求，既形象地传达出金龙鱼由三种油调和而成的特点，又让消费者"误以为"只有"1∶1∶1"的金龙鱼才是最好的食用油。

在国内去屑洗发水市场已相当成熟，似乎无缝可钻时，西安杨森的"采乐"去屑特效药却通过成功的产品创意和别出心裁的营销渠道"各大药店有售"，挖掘出一个新卖点，找到了一个极好的市场空白地带。这就使得"采乐"从产品创意到营销创意都近乎达到了完美。

概念营销是市场经济发展的必然结果，然而它并不是万能的。

概念营销是产品、科技发展及不完全信息博弈论情况下的必然产物，也是实践证明卓有成效的营销方式之一。但是，概念营销其实没有那么玄妙，就是一个"产品的独特销售主张+整合营销传播策略"的实施，尽管概念在某一个时期会发生市场的催化作用，但是有可能很快就会被另一个产品的概念所取代，而且，随着产品同质化加深，媒介的裂变，传播的概念越来越多，消费者就会被概念吵得头昏脑涨，而变得无所适从。当然，概念有助于创造消费者认知，但是如果只是一个空动的概念，一定会被消费者所唾弃，最终走向衰亡的。我们可以看到无数产品，都曾经在市场上不断地推出新概念，但在市场的竞争中，也未能存活下来。

市场中的领先企业在自己的市场类型中都拥有自己的概念词汇。比如IBM拥有Computer这个概念词汇。通常人们会说，我要买一个IBM机器。他不需要说，我要买一个IBM计算机，一般人们就认为，他需要的就是一台IBM计算机，而不是其他商品。这就是概念的力量。

我们还可以通过一个测验来证实焦点对市场的重要性。当我们说起Computer、Copier、Chocolate Bar、Cola时，我们通常就把它们与IBM、Xerox、Hershey's、Coke联系在一起。

最有效的词汇往往既简单，又与商业利益相关。无论公司的产品多么复杂，无论市场的需求多么复杂，将自己的业务或者市场集中于一个词汇往往要比定位在两个或者更多的词汇上要有效得多。

当然，焦点往往会带来连锁效应。比如Safer往往意味着更好的设计和工艺，Thicker往往意味着更好的质量和浓缩程度等。许多著名的、成功的公司往往能够将代表自己的焦点的词汇植根于人们的头脑中，比如，Crest代表着"龋齿"、Mercedes代表着"工艺"、BMW意味着"驾驶"、Volvo意味着"安全"，等等。

BMW的"驾驶"、Volvo的"安全"，这些都是从整个公司战略上考虑的。对于一个品牌，概念营销有没有用？答案是：作用可能更直接，也更明显。"脑白金"风靡了几年，现在仍然没有衰减的势头，"脑白金"这个关键的词汇起到了巨大的作用——这也仅仅是品牌的命名；如今，概念营销已经被运用得淋漓尽致，保健品市场上从当年的"补钙"、"补血"到后来的"排毒"、"洗肠"——这些都是概念的进一步深化，在功能上、消费主张上得到了进一步深入。

所以，无论是对一个企业的市场企业形象、对一个产品的命名，还是对一个产品功能消费的主张，概念营销无处不在。因此，它是我们营销策划工作必须要深入思考的问题。

第5章

[定价策略课]

"放长线钓大鱼"的促销怎样做？
——免费赠送

　　"免费赠送"是一种"放长线钓大鱼"、"愿者上钩"的促销手段。一方面，由于其功利性不明显，购买与否的决定权掌握在消费者手中，再加上商家周到细致的人性化服务，因此为广大的消费者所接受，至少不会被他们拒绝。另一方面，"免费赠送"模式由于花费少、传名快，而为许多企业推出新产品时所乐意采用。不过，要使这种模式发挥最大功效，企业对潜在顾客的挑选至关重要。

　　维克斯家庭药品公司的维克斯药膏最初是一种尚未被人们接受的新产品，销路很差。后来通过赠送试用品的方式才打开了销路。维克斯公司采取效率较高的赠送试用品方式，再加上赠送优待券，终于使维克斯药膏创造出销售奇迹。

　　20世纪80年代美国流行感冒，北卡罗来纳州塞马镇药剂师兰斯福·理查逊经常可以听到人们向他抱怨感冒、鼻塞的苦恼。于是他发明了一种感冒灵药——这种药膏涂到病人身上后，病人本身体温就会将药膏溶化，药效发挥出来，就会减轻病人痛苦，使病人呼吸顺畅。当时理查逊为他的新产品写下了这样的广告词："可涂、可吸、可擦，有益健康，长老会教友出品。"

　　后来理查逊投资设立了"维克斯家庭药品公司"。1907年，经过一系列的调查研究,他决定放弃20多种药品的生产,只专门销售"真正受欢迎的维克斯喉头炎和肺炎治疗药膏"这一种产品,并把它改名为"维克斯药膏"。

但当时的药店,对只生产一种药品的新公司并不感兴趣,尤其是这种新药品尚未得到消费者的肯定。他们最欢迎那些大规模制药公司的业务员,因为他们每次都会带来几十种大家所熟悉的药品。

被药店和经销商拒之门外后,维克斯药品公司就决定要采取一种更有力的促销方法来展现产品的药效,并以更直接的方法刺激消费者的购买欲。

赠送免费试用品以及满意的消费者口语宣传让维克斯在南方起死回生。任何商店只要订购12打的维克斯药膏,就可获赠24瓶免费药膏,让店老板来赠送给特定的女性顾客。

后来,维克斯进军北方,就在报上刊登附有优待券的广告,免费赠送试用品给消费者。广告登出几天后,业务员上门拜访各药房,免费送给他们12打装的一箱维克斯药膏,但规定他们必须把其中的72罐免费送给熟悉的老客人,维克斯公司则补贴给药店老板1瓶25美分。

业务员和药店签下销售合约后,维克斯公司在报上刊登了第二波广告,列出经销维克斯药膏的药店名称和地址,一方面增加维克斯药膏的销售量,另一方面也可让这些药店多卖点其他产品。

美国邮政总局从1917年起,开始允许未注明特定收件人的信件也可以投寄。维克斯公司鉴于以往赠送试用品十分成功,于是决定以邮寄方式,寄送试用品给全国的消费大众。公司派了8辆装满维克斯药膏的货车驶向西部各州,大约七周之内,美国西部3 100万人口中的大部分,都收到了注明收件人是"贵住户"的维克斯邮件,里面装的是免费试用品。

这些消费者在试用满意后,纷纷向当地药房指名购买维克斯药膏。到第一次世界大战结束时,几乎每个美国家庭都收到了维克斯寄来的试用品，每家药店也都知道有维克斯这种药膏。维克斯药膏的销售额也因此从1912年的75 000美元，上升到1917年的613 000美元。

1918年、1919年，西班牙流行性感冒侵袭美国，使得维克斯药膏的销售量再度成长2倍多。

维克斯公司在赠送试用品方面采取的一些创新作法——在报纸上刊登附有兑换券的试用品促销广告，然后又直接邮寄试用品——刺激了消费者对感冒药膏的需求，也因而使得只生产一种产品，靠马车沿街叫卖的一家小型药品公司，发展成为资产10亿美元的维克斯药品公司。

在实施免费赠送促销模式时，维克斯公司主要有三条颇具实效的办法：一是通过专门的代送赠品公司进行登门访问赠送，不仅使赠品的到达率不至于打折扣，而且易于跟用户进行直接的感情交流，并收集到他们或好或坏的真实反馈意见，"好"则用于广告，"坏"则予以改进；二是把样品交给零售商代为赠送，如果零售商责任心强，也能达到理想的效果；三是在零售店或通过直邮的方式给潜在用户送上"试购优惠券"，这对新上市的产品来说，具有相当好的效果。

免费赠送是一柄双刃剑。免费大赠送，倘若引起混乱，形似闹剧，是断然不能算成功的。也许，知名度是扩大了，但倘若信任度，美誉度不仅没有随之提高，反而因此打了折扣，那么，有关投资方就该好好地从此项的投入产出比中认真地作一番反思，而其中的教训也更值得相关单位引以为戒。

毫无疑问，免费赠送，有着其他促销形式无法比拟的优势，精心策划，把握主动，找准对象，循着提高知名度，信任度，美誉度这三个层次，厂商的付出才能得到加倍的回报。成功的商品促销应循着扩大并提高知名度、信任度、美誉度这三个层次推进，组织得当的商品大赠送，虽然其知名度的拓展不如直接在媒体上做广告那样广泛，但这一缺憾也可通过组织媒体对该次活动的宣传加以弥补，而企业的亲和度的提升却要明显地优于其他一些促销形式，从而使消费者对生产企业及产品产生信任与好感，特别是通过让消费者的免费试用，使消费者对该产品产生直接的感观认识，使这一部分的受赠对象，较为容易地成为该产品的潜在消费者。

明确受赠对象与范围，这样的促销才是积极而有效的。逢人便送见人就给，固然能造成一时一地的喧哗甚至轰动，但这种不分青红皂白的"大轰炸"，经常是花钱花不到点子上，受赠者中极少是你产品现在或将来的用户，那么，耗费巨资的免费赠送就极有可能收效甚微甚至起到事与愿违的效果。

免费大赠送，与公益活动恰如其分地相结合，往往能取到较好的社会效益与经济效益。

消费者正在日益成熟，这就对厂商的促销手段提出了更高的要求。免费赠送，作为一种常见的促销手段，它既可以帮你辟出市场，也可能使你自断生路，这柄双刃剑，就看你怎么用。

为何银行对小额存款账户收取管理费？
——顾客差别定价

顾客差别定价指的是就同一产品针对不同客户制定不同的价格，这是差别定价的一种。

对小额存款的市民收取账户管理费并降低利率，而对四五十万以上存款的"大户"是咖啡美酒的招待，这是否意味着中资银行开始变得"势利"？从经济学角度而言，银行这一举措正是市场经济"差别定价"的具体表现，彻底的市场经济讲求的正是利润的最大化。国内银行过去对客户的一视同仁，恰恰说明我们的市场经济还在转轨中，还不够彻底的缘故。

在美国波士顿麻省理工学院里的一个银行网点，通常看不到国内很常见的告示之类的东西，银行希望客户自己能在ATM上做每一项事情，而你要是咨询的话，银行就要收你的费。同时每次使用ATM都需缴纳0.5美元的费用。随着中国市场经济的彻底化，尤其是利率市场化的推进，必然导致银行服务和价格的进一步差别化。

实行顾客差别定价策略有以下几个条件：

（1）对不同价格，消费者要有不同的需求。

（2）不同需求的细分市场，相互之间不能互相渗透。

（3）企业为维持差别价格市场的费用，必须低于由此带来的收益。

怎样按照顾客的需求定价？
——反向定价法

所谓反向定价法，即在产品设计之前，就先按照消费者所能接受的价格确定产品的市场零售价格，进行生产成本与销售成本的预算，从而决定出厂价格的一种定价方法。因其定价程序与一般成本定价法相反，故称反向定价法，它是根据市场需求决定商品成本和确定出厂价格的，所以，又称需求导向定价法。

英国最大的连锁经营集团马狮百货，是一家以公司连锁店形式进行品牌经营并获得巨大成功的集团，它在其国内外建立了数百家连锁店，据2004年调查数据，全英国有1 400万人知道马狮，他们每星期都要光顾当地的马狮。其成功的关键在于抓住顾客需求。马狮的定价准则是：不管一件产品的生产成本及现行市价是多少，最重要的是考虑所定的售价是否在大众的消费能力之内。马狮把顾客的消费能力作为首要的考虑因素，采用需求定价法，大大加强了企业的竞争能力。

反向定价法一般在两种情况下采用：

第一，为了满足在价格方面与现存类似产品竞争的需要，设计出在价格方面具有竞争力的产品。

第二，对新产品的设计。

实施反向定价法一般要先通过市场调查或征询分销商的意见，拟定出顾客可接受的价格，分销商愿意经销的价格，然后再确定出厂价格，推算出产品成本。

这种定价方法以市场需求、购买力情况和消费者愿支付的价格为依据，因而制定出的价格能够较好地适应市场需求，同时也能够满足竞争的需要，可以使企业的产品在市场上保持一定的地位。

为什么美国和欧洲都曾要求分拆微软？

——掠夺性定价

掠夺性定价是价格歧视的一种，是指处于市场支配地位的企业以排挤竞争对手为目的，以低于成本的价格销售商品的一种定价策略。

美国诺顿杀毒软件在我国市场的每套价格是280元。这家公司为了迅速占有市场，曾采用的促销手段是用户只要用其他公司任何品牌的杀毒软件，另加59元就可换取最新的诺顿软件产品，对国内众多的杀毒软件企业产生了重大影响。

微软公司为了剿灭中国国产软件WPS，在WPS 97发布前夕，匆忙推出97元超低价格的Word 97版本。这与其在中国通常表现出的垄断高价形成了鲜明对比。其实，微软的这一做法在世界各国屡屡得逞。但是在法律健全的欧美市场微软比较收敛，因为会收到反垄断诉讼的法院传票。

掠夺性定价是一种不公平的低价行为，实施该行为的企业占有一定的市场支配地位，他们具有资产雄厚、生产规模大、分散经营能力强等竞争优势，所以有能力承担暂时故意压低价格的利益损失，而一般的中小企业势单力薄，无力承担这种牺牲。

掠夺性定价是以排挤竞争对手为目的的故意行为，实施该行为的企业以低于成本价销售，会造成短期的利益损失，但是这样做的目的是吸引消费者，以此为代价挤走竞争对手，行为人在一定时间达到目的后，会提高销售价格，独占市场。

兼顾各方利益的定价策略是什么？
——满意定价策略

满意定价策略即在新产品投放市场时，规定一个既不高也不低的价格，兼顾生产者、经营者和消费者的利益，使各方面都感到满意。属于新产品定价策略之一。是一种在目标上兼顾盈利和竞争的定价策略，适用于一般日用必需品和重要的生产资料。这一策略可以使企业保持良好的社会形象和平常的盈利水平，减少市场竞争的风险，消费者也会认为公平可信。

牙膏作为一种日常生活必需品，需求弹性小，但是市场竞争却相当激烈。无论是国外还是国内牙膏企业，大都集中在中低端市场。在进入市场时大部分选择的是低价渗透策略，在利用低价获得一定市场后，再转向中端市场。清源集团把菊三七牙膏的定价从5元提高到18元，打破传统的牙膏营销方式，直接走高端市场，从营销方式上来讲具有开拓性，从行业来说，是一种勇敢的创新。

同时18元的定价对于收入水平和消费水平相对较高的人来说，是可以接受的，特别是在发达省份和地区。对于处于中低水平想治疗牙病的消费者来说，购买牙膏比上医院就医的成本要低。如果通过采用大小盒包装策略，那定价在18元对消费者来说更实惠。

采取满意定价策略时要注意以下事项：

（1）满意定价策略是一种介于高价策略与低价策略之间的定价策略。该策略是根据消费者对新产品所期望的支付价格来确定商品价格。

（2）定价时要充分考虑到消费者的购买能力和购买心理，使消费者有一种满足的心理感受，从而使消费者不断地重复购买。它适用于日用品和技术要求不高的新产品。

（3）满意定价策略可以使企业保持良好的社会形象和正常的盈利水平，减少市场竞争的风险，消费者也会认为公平可信。

怎样迎合消费者心理特征定价？
——心理定价策略

心理定价策略是迎合消费者心理特征的一种价格策略。

消费者在长期和商品打交道的过程中，形成了一定的价格意识和价格心理。心理定价策略利用消费者在对价格数字的敏感性、吉祥与否以及不超过整数级别等特征进行定价的方法也属于心理定价范畴。因消费者所处的阶层、地域不同，收入水平、生活习惯、生活经历各不相同，具有不同的价格心理。企业在制定价格时，注意这种有差别的消费者心理，使制定的价格尽量为消费者接受，从而达到促进商品销售，扩大市场占有份额，最终获得较大利润为目的。

心理定价策略的形式主要包括以下几种：

（1）整数定价策略，采用合零凑整的方法、制定整数价格，适用于某些价格特别高或特别低的商品。

（2）尾数定价策略，采用保留价格尾数，使消费者产生便宜的心理错觉，如9.8元，而非10元。

（3）分级定价策略，把同类商品分为几个等级，不同等级的商品，其价格有所不同。

（4）声望定价策略，把在顾客中有声望的商店、企业的商品价格定得比一般的商品要高。

（5）招徕定价策略，对某些商品定价很低，以吸引顾客，而对另一部分商品定高价弥补利润。

1984年7月，日本富士公司业务主管藤野先生飞抵东南亚某发展中国家，计划与该国某公司签订一个关于从日本进口复印机的合同。不料却被该公司告知不打算签合同了。藤野先生知道其中定有原因，就速回日本了解情况。3天后，他再次坐在该公司老板的面前开门见山地说："我们提供的B型复印机价格比另一家供货价格低三成。"

原来，藤野回日本后，经调查得知，另一家日商以较低的价格抢走了他们的生意。该公司老板暗喜，重新与富士公司签订了进口1 500台B型复印机的合同。此后，藤野先生立即飞回日本，以再加一成价格的优惠条件，与专门生产B型复印机的厂家签订经销权合约。同时签订了由富士公司独家经营该公司的B型复印机的辅助材料和设备。1 500台复印机如期运往东南亚该公司，由于价格低廉，富士公司这笔生意亏损了不少。就在向该公司出售这1 500台复印机时，该公司才恍然大悟：不仅要购买复印机，而且还需要大量的辅助材料和设备。该公司只好再次与富士公司合作。这次，富士公司主动权在握，售出的辅助设备和材料不仅弥补了先前的亏损，还取得了可观的盈利。

富士公司这一高招，正是招徕定价法在商业贸易中的具体应用。

（6）习惯性定价策略，按商品在顾客心目中已经形成的习惯性价格定价。

企业竞争的目的说到底，就是追求利润的最大化。要达到此目的，其中关键因素之一就是产品的定价。产品的定价策略很多，但心理定价策略不失为一种效果显著的定价策略。事实上在企业的商品营销组合中，其他因素仅构成成本，唯有价格因素直接影响收入。在现代经济中，没有绝对的完全竞争商品，市场势力是普遍现象；同时对企业来说，价格策略的用处不仅仅体现在常见的"价格大战"中。那些拥有一定市场势力的企业无不使用巧妙的价格策略，以保持或增强自己的竞争优势，增加销售。心理定价策略是把消费者的心理需求作为定价的重要依据，以激发和强化消费者的购买欲望。在现实生活中消费者的消费心理是各不相同的，凡能满足消费者某种心理需求的定价方法，我们都可称之为心理定价方法。如消费者的求名心理、求奇心理、求廉心理等心理需求。

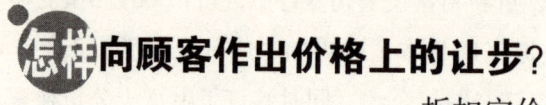

怎样向顾客作出价格上的让步？
——折扣定价

折扣定价是指对基本价格作出一定的让步，直接或间接降低价格，以争取顾客，扩大销量。其中，直接折扣的形式有数量折扣、现金折扣、功能折扣、季节折扣，间接折扣的形式有回扣和津贴。

1. 数量折扣

指按购买数量的多少，分别给予不同的折扣，购买数量愈多，折扣愈大。其目的是鼓励大量购买，或集中向本企业购买。数量折扣包括累计数量折扣和一次性数量折扣两种形式。累计数量折扣规定顾客在一定时间内，购买商品若达到一定数量或金额，则按其总量给予一定折扣，其目的是鼓励顾客经常向本企业购买，成为可信赖的长期客户。一次性数量折扣规定一次购买某种产品达到一定数量或购买多种产品达到一定金额，则给予折扣优惠，其目的是鼓励顾客大批量购买，促进产品多销、快销。

数量折扣的促销作用非常明显，企业因单位产品利润减少而产生的损失完全可以从销量的增加中得到补偿。此外，销售速度的加快，使企业资金周转次数增加，流通费用下降，产品成本降低，从而导致企业总盈利水平上升。

运用数量折扣策略的难点是如何确定合适的折扣标准和折扣比例。如果享受折扣的数量标准定得太高，比例太低，则只有很少的顾客才能获得优待，绝大多数顾客将感到失望；购买数量标准过低，比例不合理，又起不到鼓励顾客购买和促进企业销售的作用。因此，企业应结合产品特点、销售目标、成本水平、资金利润率、需求规模、购买频率、竞争者手段以及传统的商业惯例等因素来制定科学的折扣标准和比例。

2. 现金折扣

现金折扣是对在规定的时间内提前付款或用现金付款者所给予的一种价格折扣，其目的是鼓励顾客尽早付款，加速资金周转，降低销售费用，减少财务风险。采用现金折扣一般要考虑三个因素：折扣比例、给予折扣的时间限制、付清全部货款的期限。在西方国家，典型的付款期限折扣表示为"3/20，Net 60"。其含义是在成交后20天内付款，买者可以得到3%的折扣，超过20天，在60天内付款不予折扣，超过60天付款要加付利息。

由于现金折扣的前提是商品的销售方式为赊销或分期付款，因此，有些企业采用附加风险费用、管理费用的方式，以避免可能发生的经营风险。同时，为了扩大销售，分期付款条件下买者支付的货款总额不宜高于现款交易价太多，否则就起不到"折扣"促销的效果。

提供现金折扣等于降低价格，所以，企业在运用这种手段时要考虑商品是否有足够的需求弹性，保证通过需求量的增加使企业获得足够利润。此外，由于我国的许多企业和消费者对现金折扣还不熟悉，运用这种手段的企业必须结合宣传手段，使买者更清楚自己将得到的好处。

3. 功能折扣

中间商在产品分销过程中所处的环节不同，其所承担的功能、责任和风险也不同，企业据此给予不同的折扣称为功能折扣。对生产性用户的价格折扣也属于一种功能折扣。功能折扣的比例，主要考虑中间商在分销渠道中的地位、对生产企业产品销售的重要性、购买批量、完成的促销功能、承担的风险、服务水平、履行的商业责任，以及产品在分销中所经历的层次和在市场上的最终售价等。功能折扣的结果是形成购销差价和批零差价。

鼓励中间商大批量订货，扩大销售，争取顾客，并与生产企业建立长期、稳定、良好的合作关系是实行功能折扣的一个主要目的。功能折扣的另一个目的是对中间商经营的有关产品的成本和费用进行补偿，并让中间商有一定的盈利。

4. 季节折扣

有些商品的生产是连续的，而其消费却具有明显的季节性。为了调节供需矛盾，这些商品的生产企业便采用季节折扣的方式，对在淡季购买商品的顾客给予一定的优惠，使企业的生产和销售在一年四季能保持相对稳定。例如，啤酒生产厂家对在冬季进货的商业单位给予大幅度让利，羽绒服生产企业则为夏季购买其产品的客户提供折扣。

季节折扣比例的确定，应考虑成本、储存费用、基价和资金利息等因素。季节折扣有利于减轻库存，加速商品流通，迅速收回资金，促进企业均衡生产，充分发挥生产和销售潜力，避免因季节需求变化所带来的市场风险。

5. 回扣和津贴

回扣是间接折扣的一种形式，它是指购买者在按价格目录将货款全部付给销售者以后，销售者再按一定比例将货款的一部分返还给购买者。津贴是企业为特殊目的，对特殊顾客以特定形式所给予的价格补贴或其他补贴。比如，当中间商为企业产品提供了包括刊登地方性广告、设置样品陈列窗等在内的各种促销活动时，生产企业给予中间商一定数额的资助或补贴。又如，对于进入成熟期的后期和衰退期的产品，开展以旧换新业务，将旧货折算成一定的价格，在新产品的价格中扣除，顾客只支付余额，以刺激消费需求，促进产品的更新换代，扩大新一代产品的销售。这也是一种津贴的形式。

日本东京银座"美佳"西服店为了销售商品采用了一种折扣销售方法，颇获成功。具体方法是这样：先发一个公告，介绍某商品品质性能等一般情况，再宣布打折扣的销售天数及具体日期，最后说明打折方法：第一天打九折，第二天打八折，第三、第四天打七折，第五、第六天打六折，以此类推，到第十五、第十六天打一折，这个销售方法的实践结果是，第一、第二天顾客不多，来者多半是来探听虚实和看热闹的。第三、第四天人渐渐多起来，第五、第六天打六折时，顾客像洪水般地拥向柜台争购。以后连日爆满，没到一折售货日期，商品早已售完。这是一则成功的折扣定价策略，妙在准确地抓住顾客购买心理，有效地运用折扣售货方法销售。人们当然希望买质量好又便宜的货，最好能买到一两折价格出售的货，但是有谁能保证到你想买时还有货呢？于是出现了头几天顾客犹豫，中间几天抢购，最后几天买不着惋惜的情景。

折扣价格策略增强了企业定价的灵活性，对于提高厂商收益和利润具有重要作用。但在使用折扣定价策略时，必须注意国家的法律限制，保证对所有顾客使用同一标准。如美国1936年制定的罗宾逊—巴特曼法案规定，折扣率的计算应以卖方实现的成本节约数为基础，并且卖方必须对所有顾客提供同等的折扣优惠条件，不然就是犯了价格歧视罪。

第6章

[通路策略课]

营销中的精确制导武器是什么？
——会员制营销

　　一般认为，会员制营销由亚马逊公司首创。因为Amazon.com于1996年7月发起了一个"联合"行动，其基本形式是这样的：一个网站注册为Amazon的会员（加入会员程序），然后在自己的网站放置各类产品或标志广告的链接，以及亚马逊提供的商品搜索功能，当该网站的访问者点击这些链接进入Amazon网站并购买某些商品之后，根据销售额的多少，Amazon会付给这些网站一定比例的佣金。从此，这种网络营销方式开始广为流行并吸引了大量网站参与——这个计划现在称之为"会员制营销"。

　　事实上，在传统销售渠道中，潜在客户调研与分析、建立重点客户档案、启用客户服务专员、数据库建设和运营等特质，表明"会员制营销"的思路与做法已经存在，具体表现在精确制导，点对点地向客户传递消费资讯。

　　在不动产经营类项目中，无论是旅游度假胜地、名门高尔夫球会、游艇俱乐部等高端产品，还是健身会所、特色商街、户外拓展基地、滑雪场、马术俱乐部、生态山庄等专题产品，由于消费主题鲜明、客群定位精准，会员制营销模式无疑是一种优化选择。

　　面向窄众消费群体，引进会员制，简而言之，就是发现特殊需求，并满足这种需求。"营销渠道管理可以改变游戏规则"，完成高效能的业务职能转换，使公司发生积极变革。

会员制营销是一种深层次的关系营销，是维系会员的一种营销方式，一种能抓牢会员的心、提高会员忠诚度的方法。采取系统管理和长远渠道规划，利用企业产品、品牌、视觉标识、管理模式以及利益机制来达成目标。

如何开发新颖独特的会员制营销渠道？点对点的访问式公关、重点客户档案建设、客服专员的人性化、数据库运作与增值等，都是必要的步骤。互动观念在市场运作中同样必不可少，策划会员制营销活动时，不要仅仅局限于一些打折活动和奖励，而是应该把会员看作一笔庞大的资本，需要从不同的角度考虑这一优势资源。

在诡异多变的市场竞争中，策略联盟早已炙热盛行，但大多数只局限于同行业间的联盟，实际上，消费形态已进入日益多元的时代，不同行业间的策略联盟会给商家带来更多的利润，最主要的资源是会员，其利益就是扩大了消费通路。

互动式会员营销策略浮出水面，相同客群定位的各个商家联合起来，建立会员公共平台，把独立的积分数据统一起来，给会员以及时、可观的积分奖励或动态反馈，维护好各家的数据库，既不会破坏商业机密，又达到了联动目的，最终实现资源共享的局面。在信息技术支持上，"Visual Card（视窗卡）"是必要的，启用计算机系统，显示会员的最新的消费资讯，商家也可以公告营销活动。

商家和商家之间、商家和会员之间的互动，构成了互动式会员制营销模式的主题。

对拥有多元化不动产经营类项目的企业而言，充分放大会员资源的优势，在企业内各个项目之间展开联动营销，以及与外界同品味的商家建立战略联盟，也是会员制营销的题中之义。

厂家与商家如何共同开拓市场？
——合作营销

所谓的合作营销，也可以称为协同营销，主要是指厂商之间通过共同分担营销费用，协同进行营销传播、品牌建设、产品促销等方面的营销活动，以达到共享营销资源、巩固营销网络目标的一种营销理念和方式。合作营销，也应该是指一种360度的合作营销。就是说公司应该全方位寻求与自身品牌定位相一致的企业进行合作，包括：上游供应商、下游渠道分销商和零售商以及（非）相关行业的其他厂商。

合作营销的特征主要如下。

1. 合作营销的核心是建设性的伙伴关系

传统营销——竞争导向观念，它既考虑满足顾客需要又考虑竞争者的经营战略，将市场导向和竞争导向相统一。而合作营销则是营销——合作导向观念，通过与经销商、供应商甚至竞争者的合作来更好地满足顾客需要，企业之间的关系是既有合作又有竞争。由此可见，合作营销的核心是建设性的伙伴关系，而这种伙伴关系的建立是以双方的核心能力的差异性或互补性为基础的。这种互补性使得双方的合作产生协同效应，创造"1+1＞2"的效应，从而实现合作双方的"双赢"。

2. 在合作过程中，合作双方保持各自实体上的独立性

合作营销过程中的合作并不是指合作各方在企业整体层面的共同运

作，仅限于成员企业部职能（如新产品开发、仓储、市场等）的跨组织合作，合作各方保持各自实体上的独立性。因此，与合资、兼并和收购相比，合作营销仅是企业间较为松散的一种合作形式。

3. 合作营销范围广泛

一个企业可以根据实际的需要与产业链甚至产业链以外的多家企业建立合作营销关系，以涉及不同的行业和地域，范围相当广泛。

合作营销可以分为不同类型。从营销内容涉及的深度来看，可以分为水平合作营销、垂直合作营销和交叉合作营销。

企业在某一特定营销活动内容上的横向合作被称为水平合作营销。

如新加坡航空公司、瑞士航空公司和美国三角洲航空公司合作统筹时刻表，制定共同的订票系统、维护系统，还建立了统一的行李运送等服务。

企业在不同的营销活动内容上的合作被称为垂直合作营销，不同的企业承担不同的营销功能，形成合作优势。

如TCL和飞利浦、海尔和三洋、海信和住友自2002年开始在渠道和生产上开展合作，一方面让国内企业巨大的销售与生产潜能获得了释放空间，另一方面让受制于销售与生产两大短板的跨国企业能够降低成本，腾出手来更好地进行技术开发与品牌形象建设。

企业在营销活动中全方位、多角度的合作被称为交叉合作营销，兼有上述两种合作形式的优点。

从营销合作的紧密程度来看，可以分为偶然型、松散型以及紧密型。

如欧洲电信巨头阿尔卡特与美国摩托罗拉公司在CDMA的网络营销业务上开展了从产品研发、市场信息系统、销售渠道等全方位、多角度的合作，形成了长期稳定的合作，就是一种典型的紧密型协同。

实现合作营销主要的策略如下。

1.品牌策略选择

在今天的市场中，随着公司之间的联盟日益风行，品牌间的关系也由单纯的竞争向竞争与合作并存转变。从国内外企业在品牌策略的合作营销实践看，有以下策略可供选评：品牌共享策略、纵联品牌策略、品牌联盟。

2.特许经营

特许经营是一种典型的合作营销组织，是企业与其销售商的纵向整合，在国外是一种广为流行的合作营销模式。特许经营是一种持续的关系，在这个关系中，特许人提供一种被许可的商业经营权，并在组织、训练、商品计划和分销上提供援助，以作为受许人的特许费用的回报。特许经营者在分销渠道中可以联结从生产到分销全过程的几个连续的阶段、且有独特的优势，因此特许经营近来发展十分迅速。特许经营主要形式有厂家特许零售系统、厂家特许批发系统和服务性公司特许零售系统等。

3.共享设施

不同的公司间往往有互补性很强的设施或营销渠道，互通有无，构成了合作的条件。目前许多跨国企业正着手建立全球性伙伴网络，则是企业间营销渠道的另类互补。全球性伙伴网络是指跨国企业在其营销网络中寻找战略伙伴，并与之结合，以获得一个更加有效的地理优势。

4.共同销售

对于一些中小企业来说，为了克服单个企业能力上的限制和节约成本，可以采取合作的方法共同组建销售渠道，共担风险，利益均沾，以增强市场竞争能力。

5.合作开创新企业

合作开创新企业的策略在新材料工业、计算机工业中屡见不鲜。在一种新技术刚转化为产品时，由于市场前景不明朗，出于降低风险的考虑，公司间可以结成营销同盟。

实施合作营销需要重视的问题主要有以下几点。

1. 合作各方要有相似的价值观念

合作营销理论假定企业能够在彼此信任的基础上获得合作效益，这种效益可能来源于资源优势互补，也可能是规模经营引发的成本降低，但其首要前提在于参与合作的各方拥有相似甚至是一致的价值观念，这样企业间的目标才有可能实现兼容，在具体执行中则有利于形成企业间的默契与共识，减少不必要的沟通成本。

2. 合作各方要有对等的企业形象

一般来说，市场的领导品牌不会与末位品牌联袂，弱肉强食的市场信奉的是"强强联合"的生存法则。比如，青岛啤酒和央视、天鹅和宝洁、可口可乐和麦当劳、科龙和合生、创展等的成功合作，均说明形象进而实力的对等，对于成功推进合作营销的重要性。这体现了目前国际流行的品牌俱乐部概念，强势品牌间通过理念的融合和贯通，使两大品牌的优势互相辉映，相得益彰。

3. 合作双方要有足够的市场潜力

在考虑合作时，应充分认知目标市场所具有的承受能力，然后再考虑提供合适的产品和服务向他们靠近，并且进一步考虑合适的整合手法，即所要采用的哪种合作方式才能更好地满足消费者需求，为他们提供更大的利益价值，否则合作营销的效果可能会被削弱甚至可能适得其反。

4. 合作各方要有明确的权利义务

企业营销成功与否直接依赖于合作关系设计阶段有关权利与义务的界定，否则具体执行中出现的机会主义行为将极大损害合作根基。要明确界定权利与义务，合作各方应该重视合作贡献和价值两方面内容在合作营销关系中的具体体现，前者需要重视企业对合作的依赖程度，后者则强调企业对合作价值创造的意义。

5.合作各方要扎实地执行合作协议

拥有相似的价值观、对等的企业形象为合作营销奠定了良好合作的基础，而有关市场的准确测评以及权利义务的明确，则让合作营销的前景看好，但如果没有稳定扎实的执行力，同样会功亏一篑。执行力的获得需要注意两个方面：一是合作营销组织机构的建设；二是现代信息协调系统的架构。

怎样让客户足不出户就买到产品？
——目录营销

在中国经营十年的贝塔斯曼和旗下的书友会，在2008年宣布撤出中国。那每月一期的书友会图书目录却让很多读者怀念不已，厚厚的一本图书目录不仅印刷精美，而且有不少名家对图书的推介和评价，还可以和目录编辑分享读一本书的心得体会……

目录营销即事先印制、装订成册的商品目录，包括图案、质地说明、价格及订单等多项内容，按选好的顾客名单邮寄目录，或者通过目录柜台或陈列架发送给来店顾客；顾客根据目录选择商品，将订单邮寄给目录营销商或打电话订购；目录营销商再将商品寄送给顾客。

目录具有以下几个特点。

1.商品信息量大

在以消费者为营销对象的目录中，产品品类繁多，包括服装、饰品、家庭用具、食品、日用品等。几乎大多数消费品都可以通过目录进行销售。目录中包含了各种商品的图片以及品质、规格和用途的说明，信息量大，利于顾客进行比较和选择。如今，专题性目录越来越取代了以往的综合目录。在专题性目录中，包罗了同一类商品的各种规格和品目，对于消费者的需要更具有针对性。

2. 印制精美的目录，令人赏心悦目

由于目录一般使用上档次的纸张印刷，而且图文并茂，综合运用美术、摄影和色彩技巧，利于对顾客产生感情诉求，敦促其作出购买决定。

3. 目录一般会被消费者保存

由于邮购目录信息量大，且印制精美，顾客可能会出于喜爱和以备将来之用而将目录保存下来，保存期从若干个月到若干年不等。这使得目录的促销效果增强。

1994年，领先实时科技有限公司在北京王府井大街20号开设目录营销公司，专门经营法国拉·哈独特公司的产品。拉·哈独特每年分春夏和秋冬编制两本商品目录，印成精美的画册，每本厚达1 000页左右，主要为商品的摄影照片，上面标明商品的品质、颜色、尺码、编号及价格，并附有供顾客填写的订货单。在营销过程中，由于拉·哈独特公司非常讲究效率和速度，使公司取得了极大的成功，目前其业务已遍及欧洲、美洲、亚洲等30多个国家和地区，年营业额400多亿法郎，成为欧洲五大目录营销公司之一。

在目录营销中，经过精心设计的照片很关键。它们通过使用吸引人的模特、特别的灯光效果、摄影角度和背景，尽可能地使商品品目显眼而充满诱惑。照片还可以用来展现商品有关细节方面的信息，例如该商品的穿着或使用方法等，从而向目标受众展示本公司的产品线与目标顾客的生活方式是否吻合。

照片的作用不仅在于增加受众的视觉诉求。通过登载商品品目的照片，使阅读者可以看到商品的真实外形，从而增加公司的可信度。这可以减小读者购买该商品的风险，证明其所见与所得是相符合的。

在互联网发达的今天，目录营销的实现形式有了更多的选择。例如目录不一定要印刷出来，可以压缩成一个文件包，通过电子邮件发送给客户，从而可以大大节省成本；目录可以做成网页，供客户浏览等。

继电视之后最成功的传播技术是什么？

——E-mail营销

E-mail（电子邮件）营销是企业通过E-mail向用户或顾客发送邮件，推销商品和服务的一种营销方式。最新研究表明，电子邮件是继电视之后最成功的传播技术，电子邮件在几年内有望超过电视成为传播新宠。电子邮件已逐渐成为最受网民青睐的一种交流方式。人们与电子邮件的"亲密接触"使得电邮开始成为企业营销的最佳手段之一。绝大多数的因特网用户对电子邮件评价很高，对用户来说，它不仅是一种不可或缺的网络功能，而且往往是人们上网的直接原因。目前，许多大公司已将其列为今后的头号营销策略，市场呈现出爆炸性增长态势。

用于营销目的的电子邮件应该有明确的主题。邮件的主题是收件人最早看到的信息，邮件内容是否能引人注意，主题起到相当重要的作用。邮件主题应言简意赅，以便收件人决定是否继续阅读。另外，还要注意以下事项。

1. 内容要简洁

电子邮件宣传不同于报纸、杂志等印刷品广告，篇幅越大越能显示出企业的实力和气魄。电子邮件应力求用最简单的内容表达出你的诉求点，如果必要，可以给出一个关于详细内容的链接（URL），收件人如果有兴趣，会主动点击你链接的内容，否则，内容再多也没有价值，只能引起收件人的反感。要用通俗易懂的语言介绍你的产品能为客户带来什么好处，特别是你的产品与你的竞争对手有什么不同，或许在功能上，或许是在服务上，必须与众不同。最忌夸夸其谈，丝毫不注意客户有什么感觉。内容一定要以客户为中心，让人感到你在实实在在地为他着想。

2. 邮件格式要清楚

虽然说电子邮件没有统一的格式，但它毕竟是封邮件，作为一封商业函件，应该参考普通商务信件的格式，包括对收件人的称呼、邮件正文、发件人签名等要素。邮件要能够方便顾客阅读。有些发件人为图省事，将一个甚至多个不同格式的文件作为附件插入邮件内容，给收件人带来很大麻烦，最好采用纯文本格式的文档，把内容尽量安排在邮件的正文部分，除非有必要才插入图片、音响等资料。

3. 发送E-mail，收集反馈信息，及时回复

可以选定群发邮件，也可针对某些顾客进行单独发送。开展营销活动应该获得特定计划的总体反应率（例如点击率和转化率）并跟踪顾客的反应，从而根据顾客过去的反应行为作将来的细分依据。当你接到业务问询时，你应及时做出回复，最好在24小时以内。你拖的时间越长，对你的形象损害越大。注意养成一天查收信件数次的习惯，并做到及时回复。这样做，不仅表示了你重视人家的问询，也显示出你的工作高效，显示出你对顾客服务的重视。在你对潜在顾客的问询做出及时回复之后，你还应该在两三天内，跟踪问询2~3次。要知道，很多人一天会收到大量的电子邮件，你的回复很有可能被忽略了，或者不小心被删掉了。跟踪联系意在确认人

家确实收到了你的回复，同时也给对方受重视的感觉，还传达出你希望赢得这笔业务的诚意。

4. 更新邮件列表

根据从顾客那儿得到的信息进行整理，更新邮件列表，创建一个与产品和服务相关的客户数据库，增加回应率，同时了解认可的水平。客户认可的水平有一定的连续性，每封发送的邮件中都应该包含着允许加入或退出营销关系的信息，没有必要用某些条件限制顾客退出营销关系。通过这些信息，加深个性化服务，增强顾客的忠诚度。

5. 提供E-mail营销的后续服务

（1）接到订单时要及时确认，明确发货时间。及时做出确认，是一项基本的商业礼节，顾客都有这样的需求。在你接到订单时，你应迅速予以确认，对人家表示感谢，明确订货详情和发货时间。

（2）提供个人信息保护。据调查，大约有77%的互联网用户为避免在一些网站登记个人信息而离开。除了因为登记过程占用时间和精力，更主要是因为牵涉到个人信息。

（3）开展提醒服务。据统计，半数以上营销人员进行过提醒服务和定制提醒计划的实验，包括时间提醒（如生日）、补充（如替换、升级）和服务备忘录（如预定维护）。提醒服务专注于现行顾客需求并塑造了将来顾客的购买行为。可以考虑发送其他各种免费信息，以增加顾客的认同感。

（4）对忠诚顾客提供更多的优惠服务。获得一个新的顾客比留住一个现有顾客代价要大得多，这是基本常识。但现实的情况往往是对忠诚顾客投入的服务越来越少，甚至收取更高的费用，特别是促销优惠条款只针对新加入的顾客，实有失偏颇。

作为网络营销工具，电子邮件越来越受欢迎。随着网上出版商、电子零售商、金融服务供应商及目录发布人，不断创造出新的使用因特网进行营销的方式，电子邮件正以其覆盖面广、成本较低而效率较高等特点，越来越受青睐。从国外的情况看，企业对（电子邮件）营销越来越重视。虽然无法预测国内（电子邮件）营销市场究竟有多大，但可以预见，国内的（电子邮件）营销将具有广阔的发展前景。

奇瑞集团是怎样销售汽车的？
——数据库营销

数据库营销是20世纪90年代出现的一种方兴未艾的营销形式，它是指企业通过收集和积累消费者大量的信息，经过处理后预测消费者有多大可能去购买某种产品，以及利用数据库信息给产品以精确定位，有针对性地形成营销信息达到说服消费者去购买产品的目的。

通过数据库的建立和分析，各个部门都对顾客的资料有详细且全面的了解，可以给予顾客更加个性化的服务支持和营销设计，使"一对一的顾客关系管理"成为可能。数据库营销是一个"信息双向交流"的体系，它为每一位目标顾客提供了及时作出反馈的机会，并且这种反馈是可测定和度量的。

数据库营销与直复营销有着很大的趋同性，两者都强调营销人员与顾客的双向沟通，都强调量身定制的服务，都强调信息在营销中的重要作用，而且直复营销中也有对数据库营销的内在要求。但是作为一种独立的营销理论，数据库营销侧重于从信息的角度开展营销工作，而直复营销则侧重于渠道的"直接性",两者在出发点上存在着明显的差异,这也导致在具体操作上的切入点有所不同。

客观地说,数据库营销中包含了服务营销的观念,着重于给顾客提供全方位的、持续的服务,从而和市场建立长期稳定的关系;包含了网络营销的精髓,强调与现代信息技术、网络技术相结合,利用计算机信息管理系统(MIS)来充分地建设和利用客户数据库,而且,强大而完善的数据库是未来网络营销和电子商务的基础。正是因为数据库营销具备的这些先天特性,它正成为一种越来越强大的、影响越来越广泛的营销推广方式,已成为未来营销推广的一种方向。

实际上,数据库营销在西方发达国家的企业里已相当普及。在美国,1994年Donnelley Marketing公司的调查显示,56%的零售商和制造商有营销数据库,10%的零售商和制造商正在计划建设营销数据库,85%的零售商和制造商在20世纪末,需要一个强大的营销数据库来支撑他们的竞争实力。从全球来看,数据库直销作为市场营销的一种形式,正越来越受到企业营销人员的青睐,在维系顾客、提高销售额中扮演着越来越重要的作用。我们可以看看数据库营销在以下几个方面的独特功能。

1. 宏观功能——市场预测和实时反应

可以利用"数据挖掘技术"和"智能分析",从客户数据库中发现赢利机会。基于顾客年龄、性别、人口统计数据和其他类似因素,对顾客购买某一具体货物的可能性作出预测;能够根据数据库中顾客信息特征有针对性地判定营销策略和促销手段,从而提高营销效率、帮助公司决定制造适销对路的产品,以及为产品制定合适的价格;可以用所有可能的方式研究数据,按地区、国家、顾客群大小、产品、销售人员甚至按邮编,从而比较出不同市场销售业绩,找出数字背后的原因,挖掘出市场潜力。管理人员可以根据市场上的适时信息随时调整生产和原料的采购,或者调整生产产品的品种,最大限度地减少库存,做到"适时性生产"。

2. 微观功能——分析每位顾客的赢利率

对于一个企业来说，真正给企业带来丰厚利润的顾客只占所有顾客中的20%左右，他们是企业的最佳顾客，赢利率是最高的。面对这些顾客，企业应该提供特别的服务、折扣或奖励，并要保持足够的警惕，因为竞争对手也会瞄准这些顾客并发动竞争攻势。利用企业数据库中的详细资料，我们能够深入到信息的细节，加强顾客区分的统计技术，计算每位顾客的赢利率，然后去抢夺竞争者的最佳顾客，保护好自己的最佳顾客，培养自己极具潜力的顾客。

3. 数据库营销是顾客关系管理（CRM）的基础

CRM系统主要包括销售自动化、营销管理、客户服务和支持、客户呼叫中心、网络功能几个模块。它的实质是充分发挥市场、销售、服务三大部门的作用，并且使三大部门能充分共享顾客信息，打破各部门之间的信息壁垒的封锁，从而使各个部门以一个企业的整体形象出现在顾客面前。在CRM系统背后，其实就是一个功能强大的顾客服务数据库，存储了顾客的各种资料及交易行为，并能利用各种数学分析模型对这些数据进行深层次挖掘，对顾客的价值和赢利率进行分析。可见，在实施CRM过程中，必须将企业原有的顾客历史数据整理有序化，输入数据库，搭建好一个完整的数据库平台。

"名址数据库营销真神！"一谈到利用邮政名址数据库营销，奇瑞汽车销售公司的负责人便会竖起大拇指。这位负责人的赞叹，源自2003年该公司与邮政的成功合作。2003年年底，安徽省芜湖市邮政局对全国组织机构名址库进行了深度挖掘，把信息提供给了邮政的大客户——奇瑞汽车有限责任公司。奇瑞公司于是便通过该局在山西省发布了一批商函广告，没想到第二个月，奇瑞在山西的轿车销售量翻了一番，尤其是直邮购买轿车数量在总销售量中占到了30%。2004年3月份，该集团又向山东、江苏两省寄递了15万件商业信函，同样也取得了很好的效果。与此同时，芜湖邮局也实现业务收入60多万元。

2004年，奇瑞公司继续向全国其他27个省（区、市）分批寄递商函，寻找商机主动提供服务。

2003年年初，为了寻找邮资封市场开发的切入点，芜湖邮局对芜湖市政府及企事业单位进行了抽样调查，对邮资封市场需求状况进行了解，采集了完整的调研报告。在这个报告基础上，芜湖邮局确定了邮资封开发的重点目标客户，明确市场营销部下属市场部客户经理各自负责所营销范围内的单位。奇瑞汽车有限责任公司被确定为芜湖邮政重点服务的客户。该公司成立于1997年，2003年年产轿车10万辆，销售9万辆，实现产值65亿元，销售收入已达到66.63亿元，稳坐国产小汽车日销量第四把交椅，是行业内公认的车坛"黑马"。奇瑞作为邮政的大客户，长期以来，得到芜湖邮局市场部客户经理的认真维护。该公司自办的《奇瑞商情》一直是通过邮政寄递给全国各地的商务代表处和经销商、服务商，但每次寄递量仅有几百件。如何将这个"蛋糕"做大？芜湖市邮政局经过分析，决定向奇瑞公司重点介绍邮政所拥有的名址数据库，并依据奇瑞公司销售对象，拟订了向全国各地政府机构、大型企业和高等院校等邮寄《奇瑞商情》的方案。可是由于《奇瑞商情》主要是各区销售、服务情况交流以及公司内部情况通报，对于邮政所推介的客户来说宣传意义不大，因此奇瑞并没有采纳邮政的方案，但邮政方案中突出的数据库概念，却给奇瑞决策层人士留下了较为深刻的印象，促使双方达成合作。

2003年，全国汽车市场竞争愈演愈烈，奇瑞陆续推出一系列新车型，探索一条新的营销之路成了当务之急。作为国外先进的营销模式，直复营销中的直邮方式在IT行业取得了很突出的成绩。受到这件事情的启发，奇瑞也想在轿车销售中尝试这种新的营销方式，这就需要比较准确的目标客户名址数据库。于是，奇瑞想到了邮政的数据库。芜湖邮局得到这个消息以后，一方面着手对数据库进行整理和完善，另一方面拟订了奇瑞直邮个性化方案。当方案递交奇瑞后，奇瑞经过认真研究，大致确定了在全国范围直邮的有效名址60万条，决定先在山西省进行试验。

为了把握这一新的商机，更好地为客户服务，邮政部门又做了大量的工作。首先是将该项目涉及的邮政资源占用、耗费进行了细化，将费用分解为三个方面，即名址数据库使用费、邮政封装打印费、邮寄费用，并按单件进行了量化，在此基础上确定了优惠项目；其次，针对本次邮寄量大的特点，对奇瑞公司关心的名址准确率、时限要求和封装投递质量等问题作出承诺。完善后的方案很快得到了奇瑞公司的认可，协议也顺利地签订了。

为确保本次奇瑞《东方之子》宣传画册的投递质量，芜湖局的方案是按照平常函件形式交寄，山西省共寄递25 210件，整个费用是95 798元。为能进一步扩大奇瑞商函项目，芜湖邮局高度重视山西省内的投递质量，及时将情况反映给安徽省局，并会同省商函广告局到国家邮政总局作了专题汇报，总局公众服务部获悉这个消息后，很快以国家局名义向山西省局下发了《关于配合做好安徽省芜湖局大宗商函投递工作的通知》，要求山西省抓好投递组织、检查，明确要求妥投率达到95%以上。山西省局根据国家局通知精神又作出了更细致、具体的部署，一项新的邮政业务在山西开始了试运行。

商函寄达山西后，第二个月，"奇瑞——东方之子"在山西的销售量翻了一番，尤其是通过直邮购买轿车的数量在总销售量中占到30%。山西省成功的直邮营销，得到了奇瑞公司最高层的认可，批示加大范围继续推广，决定接着在经济较为发达的江苏和山东两省开展直邮营销。由于这两个省的数据有十几万条，为了替客户降低成本，芜湖邮政和奇瑞公司反复进行沟通，一起分析选择何种寄递方式，最后，与奇瑞达成一致意见，确定本次直邮项目的寄递方式采用挂号印刷品形式，费用只有45万元。为保证此次商函顺利寄递，芜湖邮局成立了项目组，将项目涉及环节具体化，一是客户公关、谈判、协调，二是名址整理、内件封装、信封打印、挂号标签粘贴、邮件登单，三是内部封发衔接、退函处理等，做到各环节作业流程清晰，责任落实到位。

数据库营销缩短了商业企业与顾客之间的距离，有利于培养和识别顾客忠诚，与顾客建立长期关系，也为开发关系营销和"一对一"营销创造了条件。

1.以数据库为基础的顾客管理，为关系营销奠定了基础

关系营销强调与顾客建立长期的友好关系以获取长期利益。实践证明，进行顾客管理，培养顾客忠诚度，建立长期稳定的关系，对企业是十分重要的。数据库营销不仅受到沃尔玛、麦德龙等传统企业的重视，像亚马逊这样的新型网上企业更是十分重视客户管理。比如，当客户向亚马逊买一本书以后，亚马逊会自动记录下顾客的电子邮箱地址、图书类别，以后定期以电子邮件的形式向顾客推荐此类新书。这种方式极大地推动了亚马逊网上销售业务的增长。

2.数据库营销，使企业能够更详细地了解顾客，增加了"一对一"营销的可能

"一对一"营销是基于信息技术的发展提出的新的营销理念，就是将市场细分到消费者个体，根据其消费习惯和需求特点提供个性化服务。最近，在美国许多大城市出现了一些"快速服装店"，其目标顾客是有一定身份和地位的职业女性。她们或者工作很忙无暇购物，或者是厌烦挑选商品的烦琐过程，但都需要不断改变形象。服装店便专门为这类顾客建立"一对一"档案，从身高、体重、体形到气质、职业、性格，都有详细的记录和分析。

怎样向目标客户有针对性地销售产品？

——会议营销

　　2009年信息产业部和移动营销协会等相关单位联合在各地召开了"3G中国行"高层峰会，会议以"3G应用、3G前景"为主题，邀请举办地企业高层人士免费参加，普及3G的知识，会议的最后一个环节是申请企业的"手机域名"。由于已经了解了相关的知识，所以参会当天就有参会人员交纳数万元费用申请了自己企业的手机域名。这样的营销手段就是会议营销。

　　会议营销在某种意义上来讲，是对数据库营销的一种应用形式。具体是一种通过运用数据库管理方法和现代先进的信息技术，收集目标销售对象的数据，并对这些数据进行分析、归纳和整理，筛选出特定的销售对象，然后利用组织会议的形式，运用心理学、行为学等理念，进行有针对性销售的一种营销模式。

　　会议营销具有以下几个特点：

　　一是富于人性化。会议营销卖的不仅仅是产品，更是服务。传统的只靠广告宣传的营销模式并不能区分消费者，不能满足消费者的个性需求；在售前、售中、售后服务上，也有很多缺陷。而现在的消费者更注重产品给他们带来的心理满足和情感满足，更注重产品的服务。因此，企业失去顾客往往不是因为产品的质量问题，而是顾客对产品服务的不满。会议营销能很好地解决服务不周的问题。它富于人性化，更注重在产品售前、售中、售后与消费者的情感交流。

二是强调精确化。会议营销强调营销的精确化，避免虚耗。企业根据收集的数据库资料，对特定的人群，进行有针对性的营销，这样就避免了广告宣传的盲目性和不确定性。与传统营销方式相比，会议营销更节约了营销资源，也更有效率。对厂家和经销商来说，会议营销做到了成本最小化，效果最大化。面对顾客来说，由于得到厂家和经销商连续不断地个性化服务，他们就会认为自己的价值达到了最大化。

三是具有隐蔽性。会议营销具有隐蔽性。会议营销是和顾客双向互动的，会议营销只在企业和顾客之间展开，规避了竞争者的跟进。企业和消费者之间随时随地双向沟通，拉近了彼此之间的距离，增强了企业和消费者之间的情感联系。这样也增强了防止竞争对手干扰的能力。在传统营销中，企业利用大众传媒的广告促销，很容易引起竞争者的对抗行为，削弱促销效果。而运用会议营销，无需借助大众传媒，比较隐蔽，一般不会引起竞争对手的注意，更容易达到预期的效果。

四是适应面窄，并非所有的产品都适用。实施会议营销必须满足下述条件：产品单品价值高，否则就没有足够的费用来操作会议；重复性购买或系列产品购买的可能性大，最好是针对有闲、有钱阶层，如中老年人，因为年轻人没有时间，也没有兴趣参与会议，除非是高档的美容品等年轻消费者关注度较高的产品。

安利的直销代表是怎样销售产品的？向陌生人推销的成功概率比较低，而通过在家庭或办公室举办小型"营养顾问会议"、"营养课程"就会比较容易成功。广泛地发动周边的亲戚朋友以及他们的人脉关系来一起学习营养学的知识，大部人都不会太反感。在讲授营养学知识的同时，穿插介绍安利产品的功效和优点，就有可能激发一些人的消费兴趣，成为忠诚的顾客。

在很多美容院，也经常举办类似的会议和授课，而且都是免费参加的。费用不会由美容院支付，而是由销售美容产品的企业承担，因为美容院只是企业会议营销的承办者。

医药、医疗用品和保健品行业也广泛应用会议营销方式。周末的居民区礼堂里经常会出现知名专家的健康讲座，这些讲座深受中老年人的欢迎，可以学到很多正确的保健和养生知识。与此同时，也会了解很多产品的功能和疗效，甚至当场就买回家了……

怎样进行会议营销呢？

首先，建立顾客数据库。

一个要着手进行会议营销的企业，首先面临的任务就是建立顾客数据库，因为建立顾客数据库是会议营销的前提，没有数据库，后面的一切工作都将无法开展。

顾客数据库的质量高低，直接关系到后续工作的顺利开展和质量控制。所以必须要提高对顾客数据库建设的要求。通常，采集数据可以通过两种主要的途径：通过广告及促销活动反馈和专卖店搜集；到相关部门购买。

其次，建立营销队伍。

即建立一支由优秀的人才组成的营销队伍。会议营销的价值主要体现在，消费者不仅能享受到厂家的产品，还能享受到超过产品价值的多方面服务。而为消费者提供服务的就是厂家和经销商的工作人员，或者外请的工作人员。厂家和经销商的工作人员和业务员的素质和能力，直接关系着他们为顾客创造价值的大小。

最后，全程性周到的服务。

企业要想建立起顾客对企业的忠诚，就需要把消费者的价值观念贯穿于企业的整个经营过程中，为顾客提供全程性周到的服务。因为如今的顾客不仅重视产品质量，更重视在购买产品中享受到的优质服务和无微不至的关怀。企业必须认识到，一笔交易的完成并不意味着与顾客关系的结束，而只是意味着与顾客关系的开始和介入。所以这种全程性的服务，应是厂家和商家工作人员发自内心对顾客的关心和关怀，是着眼于与顾客建立长期的、互动的情感联系。它体现在营销会议之前、之中和之后的各个环节。

怎样借助互联网做生意？
——网络营销

只要你善于发现生活中的潜在商机，白手起家在网上开个小店同样也能赚到钱。刚满25岁的张小姐工作之余在网上开了一个以经营化妆品、香水、各式精致小提包为主的网上店铺，早早地尝试了当"老板"的滋味。她于2005年1月份开业的店铺至今已成为网站化妆品经营的佼佼者，每日的客流量常常多得令张小姐应接不暇。由于经营得当而颇受网友好评，短短一年时间不到，张小姐的网上小店月平均销售额已达5 000多元。

网络营销首先是市场营销的Internet替代了报刊、邮件、电话、电视等中介媒体，其实质是利用Internet对产品的售前、售中、售后各环节进行跟踪服务，它自始至终贯穿在企业经营的全过程中，包括寻找新客户、服务老客户，是企业以现代营销理论为基础，利用Internet技术和功能，最大限度地满足客户需求，以达到开拓市场、增加盈利为目标的经营过程。它是

直接市场营销的最新形式，是由Internet客户、市场调查、客户分析、产品开发、销售策略、反馈信息等环节组成的。

网络营销只是电子商务的基础。电子商务是利用Internet进行的各种商务活动的总和，必须解决与之相关的法律、安全、技术、认证、支付和配送等问题。而这些问题中的有些是Internet在中国发展的瓶颈问题，而网络营销则对之需求不高，因此发展网络营销不存在障碍。国际上实施网络营销有许多成功的范例，一些知名的企业都建有自己的网站，这些网站以自己各具特色的站点结构和功能设置、鲜明的主体立意和网页创意开展网络营销活动，给这些企业带来了巨大的财富。如耐克公司（www.nike.com）将企业定位于全球体育事业，以鲜明的形象、精良的产品和巨额资金熔铸在体坛明星上，再利用乔丹等英雄们的光环效应为其品牌增值，获得不尽的市场扩张能力，品牌价值一再飙升，其营业增幅超过微软等高科技新贵。

网络营销作为一种全新的营销方式，与传统营销方式相比具有明显的优势。

第一，网络媒介具有传播范围广、速度快、无时间地域限制、无版面约束、内容详尽、多媒体传送、形象生动、双向交流、反馈迅速等特点，有利于提高企业营销信息传播的效率，增强企业营销信息传播的效果，降低企业营销信息传播的成本。

第二，网络营销无店面租金成本。且可实现产品直销，能帮助企业减轻库存压力，降低经营成本。

第三，国际互联网覆盖全球市场，通过它，企业可方便快捷地进入任何一国市场。尤其是世贸组织第二次部长会议决定在下次部长会议之前不对网络贸易征收关税，网络营销更为企业架起了一座通向国际市场的绿色通道。

第四，在网上，任何企业都不受自身规模的限制，都能平等地获取世界各地的信息及平等地展示自己，这为中小企业创造了一个极好的发展空间。利用互联网，中小企业只需花极小的成本，就可以迅速建立起自己的全球信息网和贸易网，将产品信息迅速传递到以前只有财力雄厚的大公司才能接触到市场中去，平等地与大型企业进行竞争。从这个角度看，网络营销为刚刚起步且面临强大竞争对手的中小企业提供了一个强有力的竞争武器。

第五，网络营销能使消费者拥有比传统营销更大的选择自由。消费者可以根据自己的特点和需求在全球范围内不受地域、时间限制，快速寻找满足品，并进行充分比较，有利于节省消费者的交易时间与交易成本。此外，互联网还可以帮助企业实现与消费者的一对一沟通，便于企业针对消费者的个别需要，提供一对一的个性化服务。

当然，万物各有所长，也各有其短。作为新兴营销方式，网络营销具有强大的生命力，但也存在着某些不足。例如：网络营销尤其是网络分销无法满足消费者个人社交的心理需要。无法使消费者以购物过程来显示自身社会地位、成就或支付能力等。尽管如此，网络营销作为21世纪的营销新方式势不可挡，将成为全球企业竞争的锐利武器。

实行网络营销，应关注以下几个问题。

（1）产品性质：网络上最适合的营销产品是流通性高的产品，如书籍报刊、软件信息、消费性产品等。如果是推土机、车床等较冷门的专业产品，应该网络定位在公司的形象与品牌的推广上，而产品本身的营销就需要特别加以推广或借助其他媒体工具。

（2）网络特性：目前网络上最热门的网站，也就是浏览人数最多的网站，其内容都以丰富的信息为基础。因此营销模式应以产品情报、产品趋势、生活和教育信息运用等为主导，而后再进一步展开商业行为。

（3）整体营销的考虑：积极的营销策划除需要网络营销的运行外，更需要促销活动及其他媒体的共同运行才能发挥最大的整体效益。

（4）网上推广技巧：网点、网页的推广往往在互联网中相互合作，营销规划时可考虑与适合营销产品或消费群体相近的网站合作，如搜索引擎的登陆、一般广告交换和Web Ring等。

作为2005年度市场营销、文化传媒、娱乐经济领域拥有巨大社会影响的活动，"超级女声"不论在电视、报纸，还是手机、互联网上，都取得了空前的成功。

"超级女声"网络营销行为与电视传播、移动传播形成了良好的互动、响应、共振。"超级女声"官方网站新浪网、搜索引擎服务商百度、"超级女声"参选者（如李宇春、周笔畅、张靓颖、何洁等）的支持者、歌迷会均利用互联网发布了大量新闻、评论、观点、图片，并通过发起网络投票、引发网络争论、传播网友观点等行为，通过网站、论坛、即时通讯工具（QQ、MSN等）、搜索引擎等工具，赢得了巨大的经济效益与社会效益，实现了各自的网络营销目的。正如"超级女声"网络营销案例评论者所说："从表面上看，草根阶层造就了超级女声。但最终，草根们是通过网络营销的手段成就了超级女声。"

截止1998年2月，国际互联网已覆盖170多个国家和地区，连接着6万多个区域性网络、600万台以上的主机，拥有大约1.3亿用户，而且网络用户还在以每月15%的速度增长。国际互联网正迅速渗透到社会政治、经济、文化等各个领域，进入人们的日常生活，并带来社会经济、人们生活方式的重大变革。人类已开始步入网络化社会，愈来愈多的企业认识到国际互联网对企业经营发展的作用，纷纷挤占这一科技制高点，并将之视为未来竞争优势的主要途径。

目前，在美国，有超过40%的企业在利用互联网开展营销业务；在北美、西欧和日本，自1995年以来，加入互联网的企业以每月翻一番的速度增加；美国《财富》杂志统计的全球前500家公司几乎全都在网上开展营销业务。据美国国际电信联盟和国际数据公司统计，全球互联网上的交易额1996年为30亿美元，1997年为134亿美元，1998年为313亿元，到2010年网络贸易额占全球贸易总额的比重预计将达到42%。网络蕴藏市场无限，孕育商机万千，网络营销极具发展前景，必将成为21世纪企业营销的主流。

在我国，网络营销起步较晚，直到1996年，才开始被我国企业尝试。

据报道：1996年山东青州农民李鸿儒首次在国际互联网上开设"网上花店"，年销售收入达950万元，客户遍及全国各地，但公司没有一名推销员。

1997年，江苏无锡小天鹅利用互联网向国际上8家大型洗衣机生产企业发布合作生产洗碗机的信息，并通过网上洽商，敲定阿里斯顿作为合作伙伴，签订合同2 980万元。

海尔集团1997年通过互联网将3 000台冷藏冷冻冰箱远销爱尔兰，至1999年5月12日，该公司累计通过互联网发布信息11 298次，接受并处理用户电子函件3 600多封，访问人数由以前同期平均每天2 300人次扩大到现在平均每天27 000人次，并有20%的出口业务通过互联网实现。

北京、上海、广州等地不少商业企业也纷纷在网上开设虚拟商店，全国网上商店已达100家左右。

目前，网络营销已开始被我国企业采用，各种网络调研、网络广告、网络分销、网络服务等网络营销活动，正异常活跃地介入到企业的生产经营中。据国家信息中心有关统计数字表明，目前我国有8万余家企业已加入互联网，并涉及网络营销，其中以计算机行业、通讯行业、金融行业较为普遍，计算机行业占34%，通讯行业为23%，金融行业为11%，其他为32%。

怎样和顾客"约会"？

——许可营销

在1999年，"许可营销"理论由前YAHOO的营销副总裁塞斯·高汀（Seth Godin）在《Permission Marketing》一书中最早进行系统的研究。许可营销指的是：企业在推广其产品或服务时，事先需征得顾客的"许可"，得到潜在顾客许可之后，通过E-mail等方式向顾客发送产品或服务的信息。

实现许可营销有五个基本步骤，塞斯·高汀把吸引顾客的注意到许可形象地比喻为约会，从陌生人到朋友，再到终生用户。

第一，要让潜在顾客有兴趣并感觉到可以获得某些价值或服务，从而加深印象和注意力，值得按照营销人员的期望，自愿加入到许可的行列中去（就像第一次约会，为了给对方留下良好印象，可能花大量的时间来修饰自己的形象，否则可能就没有第二次约会了）；

第二，当潜在顾客投入注意力之后，应该利用潜在顾客的注意，比如可以为潜在顾客提供一套演示资料或者教程，让消费者充分了解公司的产品或服务；

第三，继续提供激励措施，以保证潜在顾客维持在许可名单中；

第四，为顾客提供更多的激励从而获得更大范围的许可，例如给予会员更多的优惠，或者邀请会员参与调查，提供更加个性化的服务等；

第五，经过一段时间之后，营销人员可以利用获得的许可改变消费者的行为，也就是让潜在顾客说，"好的，我愿意购买你们的产品"，只有这样，才可以将许可转化为利润。

当然，从顾客身上赚到第一笔钱之后，并不意味着许可营销的结束，相反，仅仅是将潜在顾客变为现实顾客的开始，如何将顾客变成忠诚顾客甚至终生顾客，仍然是营销人员工作的重要内容，许可营销将继续发挥其独到的作用。

亚马逊书店在个人化及资料库方面相当成熟，只要您在亚马逊留下个人资料，一进入亚马逊它便能辨别您的姓名，并且立刻提供个人化的书籍推荐（如果你使用的不是当初留下资料或使用的那台电脑，他会请您输入E-mail及密码），亚马逊的推荐书，来源有三个：您过去购买的书籍种类、网站销售最佳的图书、改善推荐系统（由消费者自行填写：最喜爱的作家、主题、电影、兴趣）。

传统的营销策略，是你孤注一掷，希望潜在顾客能够做出积极的反应。许可营销与此不同，它是指与那些首先同意对你的公司及其产品或服务了解更多的人建立关系。因为电子邮件是许可营销的首要工具，所以成本要比其他的营销媒介低很多。而它所带来的收益不仅仅是"销售成功"。

第7章

[促销策略课]

怎样为生意寻找特定的卖点？
——主题营销

　　主题营销是指企业为了实现经营目标而有意识地发掘、利用或创造某种特定主题，去实施营销活动的方式。

　　节假日主题就是节假日活动的主要目的和意义所在，也是消费者在节假日进行特定消费的原因所在。但是，节假日主题并不是节假日特有的营销方式，只要人们在生活和生产活动中存在特定的主题，就可以采取主题营销。如在国庆节中，可以利用喜庆主题进行营销。此外，对企业而言，针对企业成立庆典或企业成立周年等主题进行营销也属主题营销之列。

1. 生态主题："宜春名居"卖得火

　　如果将原本纯粹的商品，赋予某种主题，那么就可以更好地挖掘商品的卖点，并使销售活动融入周边的大环境中，从而激发顾客的购买欲望。

　　江西的宜春市属于革命老区，经济不甚发达。近年来随着中部的崛起，城市建设也上了台阶。但是房地产却卖不出去。唯独"宜春名居"卖得很火，在短短的一年时间里就卖掉了95%，仅剩下一些大面积的房子还暂时没卖出去。

　　原来市政府作出了建设全国首家"生态城市"的决定，"宜春名居"的经营者为了配合市政府的这一重要决策，便使出了"绿化先行"的高招。开发商在房屋周围种了大量的树木，从庭院绿化发展到阳台、窗台、墙面、屋顶，形成立体绿化格局；在市郊买下了一块荒地，栽上各种果树。让住户领养。开发商颇具人性化的"生态主题"，赢得了大家的青睐，业主们不仅从大自然中得到了乐趣，也愉悦了身心。

2.习俗主题："四季香"白酒香飘万家

好的"主题营销"不仅要迎合消费者的心理，更要满足他们的心理渴望。

有家酒厂生产的"四季香"白酒，是专门针对农村市场开发的。虽然它的价格低廉，但口感不错，喝过的人都说物美价廉。就是这么一种好酒，却迟迟打不开市场销路。2004年，这家酒厂的经营者决定向社会公开招聘营销经理，来攻克销售瓶颈。

新的营销经理到任后，他经过一番仔细的调研后，果断地打出了以春节拜年为习俗的营销主题。2005年恰好是鸡年，他向厂部建议，开发出一种以昂首引吭的雄鸡为主题的玻璃酒瓶，里面就装着"四季香"白酒。由于包装新颖，内蕴吉祥，这批礼品酒在春节期间一投放市场，便被人们抢购一空。

3.完美主题：特色佳果走俏市场

在营销主题的策划中，常常把本来一般用于零售或原本是相互独立、分散的商品用一个主题组合起来，利用顾客追求完美、圆满的心理，引导他们成套购买。

宜春市某县是个山区县，不仅毛竹资源丰富，而且盛产各种特色水果。有家竹编工艺品厂就专门生产一种竹编果盘。他们在每个盘的底部用不同颜色的篾片编上"福、禄、寿、禧"四个字中的一个字。营销策划者的目的很明确，就是要引导顾客成套购买该产品。尽管销售者并没有硬性规定顾客必须成套购买，但在顾客心里早已将分别编有"福、禄、寿、禧"四个字的盘子认为是一套，并把这种盘子当作馈赠佳品。

根据这一营销主题的理念，这家工艺品厂，又成功地与各个果园场联合起来，把当地的四种特色水果：猕猴桃、奈梨、水晶梨和巨峰葡萄，分别装在编有"福、禄、寿、禧"字样的水果筐里，把当地的特产推向了更广阔的市场。

4. 文化主题：情人服饰店财源滚滚

很多事例证明，主题营销成功的关键在于创意准确，富有新意，能够把产品、主题、顾客三者有机地结合起来，形成一个密不可分的整体。

有个25岁的女老板，开了家名为"梦中情人"的服饰店。尽管她对服饰有很高的欣赏水平，进的服饰不仅时尚，价格也不是很贵。不知是店的位置较偏，还是其他原因，她的生意并不好。后来，这位年轻的女老板在主题营销中得到启示，她决定在营销中糅进文化的元素，凸显现代的高雅品位。

有一日，她在当地的晚报上登了一则情书征文大赛启事，一等、二等、三等奖的获得者可以得到由该店提供的时尚服装。不过，情书征文必须与"梦中情人"服饰店所卖的服饰有关。征文的对象限定在18~28岁。

征文启事刊出后，来逛"梦中情人"服饰店的时尚男女络绎不绝。当然，他们在寻找征文素材的同时，也发现了这家店的许多独特之处，在这里选购服装也就成了顺理成章的事。

没过几个月，这家"梦中情人"服饰店就成了青年男女购买服装的首选，这位年轻的女老板自然成了主题营销大赢家。

总之，作为聪颖的经营者，只要用心去思考，去观察，就可以发现和捕捉到日常生活中一切有利于产品销售的主题。如果能做到借题发挥，为我所用，那么财源就自然滚滚而来了。

为什么营销要懂心理学？

——心理促销

心理营销是一种软营销形式，它可以变被动营销为主动营销，变"推动"为"拉动"、变"消费者统治"为"营销统治"，其最大的优势在于：在费用上1+1<2，在效益上却1+1>2。

消费者的消费心理需求有以下特点。

1. 求新

对新鲜事物抱有一种好奇感和新鲜感是人们的一种习性，而对已有的事物往往觉得习以为常而不会给予更多的注意。然而正是这种需求心理，成为了推动商业活动发展的重要力量。经营者需要做的就是满足消费者这种心理需求而不是去违背它。这就要求经营者必须有一种市场领先的勇气和追求第一的精神，而不是在领先者后面进行模仿。

2. 好奇

新奇的商品交易往往能使一部分崇尚个性化的独特风格、喜欢标新立异的消费者，产生一种强烈的购买兴趣和欲望。

3. 求名

有相当一部分消费者在购买商品时，往往追求名牌，信任名牌，甚至忠诚于名牌，而对其他非名牌的同类商品不屑一顾。

4. 求美

人们对美的追求是永恒的，消费者在购买商品时往往会被精美的商品所吸引而不由自主地买了下来，即使是消费者本身并不需要的商品，但由于它的可爱和美观，也会使顾客想把它占为己有。

5. 同步

同步心理指消费者受相关群体购买行为的影响而表现出来的一种从众心理。许多消费者受社会因素和心理因素的影响，在购买和使用商品时往往希望与周围的相关群体保持一致性。这样就使得这类商品在新生阶段非常畅销，一旦达到普及就会马上衰退下来。

6. 习惯

有一部分消费者在购买行为中往往是凭自己的习惯不加选择地购买商品，主要体现在日常用品的购买中。

针对以上消费心理，可以制定心理促销的实施策略。

1. 制造"神秘感"，把握顾客的好奇心理

许多人有一种天生的好奇感，企业把握此心理，生产出构造奇特、款式新颖的产品，使顾客产生希望能率先亲自试用的心理，满足其求新求异的欲望以增加销售量。

2. 制造"刺激感"，把握顾客的潜愉心理

潜愉需要是顾客事先没有预料到的、由厂商随产品特意送给顾客的一部分额外利益，以便带给顾客一种意外的惊奇。使其频频惠顾而又乐此不疲。

3. 制造"饥饿感"，把握顾客的匮乏心理

在销售商品过程中，严格控制销售量，人为地制造供不应求的紧张状态，利用顾客希望买到紧俏商品的心理来激起其强烈的购买欲。

4. 营造"信任感"，把握顾客的求实心理

求实心理需要的核心是讲求"实用"、"实惠"。一些顾客购物时特别注重商品的效用、质量，因而对耐磨、耐用、耐穿之类的商品具有较高的消费倾向。

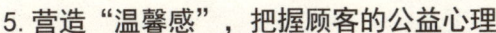

5. 营造"温馨感"，把握顾客的公益心理

现代营销越来越强调把消费者需求与社会公众利益有机结合起来，充分体现企业对社会的高度责任感，以此树立良好的美誉度，以博得顾客对其价值观的广泛认同和强烈共鸣。

在市场竞争日趋白热化的今天，商家普遍反映生意难做。是不是市场已经饱和、生意真的不好做了呢？我看不是。综观商人们推出的营销办法，大多雷同，如打折、优惠、买一送一、导购等，缺少从心理学的角度研究顾客的消费心理和购物心态，所以在竞争中没有吸引住顾客。成功的经营者往往不搞人云亦云的经商之法，他们擅长于心理研究，以顾客的消费心理为依托，大搞心理营销，取得巨大成果。

中国台湾雨伞的质量向来平平，与优质一直不沾边，然而竟能行销美国，且占美国进口雨伞总量的60%，奥秘在哪里？原来美国人买伞，用上几次就扔了，不求经久耐用，只图美观好看。这个"好看"也出人意料，不要花色，喜爱素色，以衬托自己的衣着。由于中国台湾伞商摸准了美国顾客的心理需求，以心换心，攻心经营，投其所好，终于以反传统的质量观而行，打了一场漂亮的心理营销制胜战。

无独有偶，广州一家服饰专卖店，靠心理营销大获其胜，该店借新千年到来之际，抓住人们图吉利的心理，专营红色服饰，将其他色彩的服饰统统请下柜台，红褂、红裤、红帽、红围巾卖得抢手，同时还顺势而为，推出多款时尚造型的红色外套、毛衣、裙子、鞋子、手袋、内衣裤和红色袜子，销量比去年翻了好几倍。

因此，作为商人，须知做生意攻城为下，攻心为上，唯有抓住顾客心理，与顾客心心相印，才能在市场营销中有所作为。

实施心理促销策略，要注意以下几点。

1. 以顾客为中心

以顾客为中心，一切从顾客的角度进行考虑，其中也包括心理因素。

2. 划分消费者群

划分的目的就是由此确定自身产品的目标顾客群的主导心理态势。可通过研究和分析目标顾客的主要心理态势，紧紧把握顾客心理因素中的主要因素，从而确定营销策略。

3. 注意创造热点

精心研究市场和消费者潜在心理因素，设计出完美的引导型营销计划，将潜在的大量市场需求转化为现实的购买力，最终目的是引导消费者的心理因素向有利于营销的方向发展。

4. 重视树立企业和产品的品牌

在深入了解与观察目标市场和顾客之中存在的潜在的特殊心理因素之时，须把品牌战略的重点放在品牌的文化传统和价值取向上，要做到品牌与文化传统价值的融合，品牌与消费者的文化心理与价值取向的融合。

心理营销利用的是顾客的各种心理特征，有的放矢，攻心为上，从而达到销售的目的，因而顾客心理状态是企业所必须把握的。调查问卷、现场交流等方式都是把握顾客心理的很好的方式。

什么是"旺季取利，淡季取势"？
——淡季营销

很多产品的消费，客观上存在着淡旺季，例如，空调企业在产品的销售淡季的营销管理就是淡季营销。

　　"淡季营销"是由本土管理学大师史光起先生创建的一种营销理念与操作方法。

　　"旺季取利，淡季取势"，这应该是淡季营销的核心思想。取利，就是要夺取最大销量；取势，则是获取制高点，争取长期的战略优势。石处于山底，大而无力；置于山顶，则小而有势。同样，山顶的小草比山下之参天大树有更高的势。同时，淡季需求不旺。企业的营销应更强调竞争导向，把更多的精力放在关注和分析竞争对手上。相对而言，旺季则应强调需求导向，顺应消费者需求的功能创新对于"取利"更有现实意义。

　　另外，淡季意味着绝对销量的绝对减少，应该尊重这一客观事实。抢减量、增销量是淡季营销最直接、最现实的目标。

　　"旺季做销量，淡季做市场"，这句话在销售中广为流传，实际上反映了淡季中普遍的松懈思想。旺季的辛苦用命和淡季的休养生息，已然成为大多数公司的运行规律。这本也无可厚非。但常理的存在，也是机会的存在。同时，淡季销量的增长显然不会来源于市场的增量，而是来源于对手的减量。说白了，就是在对手松懈时从他们手中抢。这也是"淡季旺做"策略被采用的原因。

　　"旺季抢增量，淡季抢减量"，是淡季提升销量的根本策略——以比对手更强的促销、更广的宣传和更低的价格进行掠夺。但需要指出的是，淡季的绝对量毕竟有限，所以，投入的兵力要有度，抢的程度也要有个度。而且，淡季做销量，同样重在取势。

　　另外，创新很重要。营销的本质就是要将同质的产品卖出不同来。创新就是要创造差异化，以差异性的促销，差异性的市场定位和市场选择来完成淡季销量的增长。

　　淡季营销的操作要点。

　　（1）把握区域市场的特殊性，例如，东北和广东的服装市场就有很大的差异性。

（2）加大促销力度，主推中高档产品。企业应在淡季出台更优惠的销售政策，对重点市场、渠道成员和重点客户加大促销力度。

（3）根据企业特点选择广告投放的时机。

（4）淡旺季价格应有所区别，要充分运用"季节差价"策略，激励消费者淡季购买。

（5）适当开展逆市销售。

（6）规划产品战略，规避企业的季节性经营风险。

推销之神原一平是怎样成功的？

——微笑推销

微笑传递着友善、礼貌、亲切和温馨的气息。它虽然没有给别人任何物质，微笑者亦没有花费多少精力，但它给领受者一种无限舒心的感觉。

微笑作为无言的推销技巧，可以将友好、融洽、和谐、尊重、自信的企业形象和温情的气氛传染给客人，为成功的服务打下良好的基础。微笑，人皆会之，似乎不值一提，然而要笑得自然、亲切、得体，笑出魅力，却并非易事，如能将微笑修炼到如此程度，还有什么样的客户不可以征服呢？

日本明治保险公司的"推销之神"叫原一平。他25岁从事人寿保险，30岁创下日本国人寿保险的"第一招揽业绩"。从此他一发而不可收，屡创推销额的新高，自43岁起保持营销额全国冠军长达15年，并跻身"日本

百万美元推销者俱乐部"17年之久，其后还凭超人业绩成为该俱乐部终身会员。也就是说，原一平从业史的大部分，是在推销之王、百万美元推销额中度过的。

如此骄人的成就使其他推销员钦佩不已。日本政府为表彰原一平"贡献殊巨"，破例授予他"四等日旭小绶勋章"。所以称之破例，是因为日本国对绩效上佳的首相福田赳夫也只授了五等勋章。日本的经济界、实业界对原一平更是交口赞誉，诸如"最理想状态的推销员"、"热忱撼动人心的顶尖业务员"、"第一个国际扬名的保险业大王"、"笑容价值百万美金的推销之神"等。

恒心和毅力是原一平所长。他身材较矮，其貌不扬，为扬长避短，苦练微笑不止，终于练出了婴儿般的笑，并在刻意修行中，练就了多达38种笑意的"笑容目录"！其项目之繁多、差异之细微，颇为翔实。总之，大凡生意场可能用得着的笑，原一平尽皆备下，一旦需要便从容自然地投向对方，以求在双方相顾而笑中收得回报。

作为一名推销员，你能否把自己的产品推销出去，往往取决于你留给客户的第一印象。在客户的第一印象中，你的衣着打扮固然很重要，但最重要的是你的精神状态。所以，当你踏入客户的办公室时，如果你让客户首先看到的是一张阳光灿烂的笑脸，那么，你留给客户的第一印象就非常好，因为亲切而又自然的笑容永远是受欢迎的。

第一次拜访客户时，如果你带着一张灿烂的笑脸进门，它可以让你省去很多程序性的介绍和麻烦。微笑就像三春的阳光，能融化堆积在人们心灵之间的冰雪，改变客户的心情，制造出你与客户交流所需要的和谐的气氛，当然，这种微笑首先也会改变你自己。对于推销员来说，微笑是一张心灵的名片，必不可少。你呈递给客户的第一张名片如果是笑容的话，那对于你的客户来说，它远比你身上穿什么样的衣服更重要。

作为推销员，如果脸上总是能面带微笑，则对于你来说无异于拥有了一笔巨大的无形资产。在人们的工作和生活中，没有一个人会对一位终日愁眉苦脸的人产生好感。相反，一个经常面带微笑的人，往往也会使他周围的人心情开朗，受到周围人的欢迎。在一般情况下，如果你对别人皱眉头，别人也会用皱眉头回敬你；如果你给别人一个微笑，别人就会用更加灿烂的微笑回报你。

作为推销员，你必须会笑，而美好的笑容是可以练出来的！

其实，不只是推销，人生在世，很多时候，我们都不得不面对冷漠的面孔、阴郁的眼神、恶意的中伤和阴险的陷阱……但无论有多少阴霾笼罩着我们的心灵，我们都应笑对人生。在我们的生活中，一抹微笑就是一道阳光，它能照亮我们自己的心灵。

如何进行新产品试销？
——控制试销

控制试销也称"微型市场试销"是企业聘请市场研究公司帮助，选定一定的在其控制下的零售商店，对新产品进行试销的一种方法。

进行新产品的市场试销至少有如下几个好处：

（1）试销可以保证新产品大规模投放市场时的安全。

（2）试销给管理人员为新产品拟定的市场营销组合提供了一个实验室，以比较不同的市场营销组合方案，选出最优方案。

（3）通过试销可以实际了解消费者类型、态度和与竞争产品比较的结

果，由此可以帮助企业修正目标市场，估计销售水平，并为广告和推销方式选择提供参考意见。

（4）试销中可以发现产品的缺陷，以便于及时改进。

控制试销的具体做法是：市场研究公司按企业的试销计划，对新产品在商店的试销进行全面控制，如货架的位置、新产品的陈列、广告及促销等活动都处在可控之列，并根据货架的动态变化和消费者购买记录来观察新产品的销售状况。还可随机对一些消费者进一步了解他们对新产品的印象。

怎样派推销员上门销售？
——访问式推销

访问式推销法，就是企业派遣推销员上门直接面向顾客进行宣传和推销的一种方法。它易于拉近和消费者的距离，具有亲善顾客、加速消费者购买决策进程、费用低、防止假冒和信息反馈快等优势。此推销法在西方较为普遍，被众多企业所采用。

到了20世纪90年代，美国作访问推销的厂商已不下2 000家，其中以雅芳最为成功，知名度最高，成为靠访问推销发迹的世界第一流的化妆品公司。雅芳公司创立于1886年，其创始人叫麦肯尼尔，"访问推销法"是他起先运用的。他本来是做书报推销工作的。在推销书报中，他除了接受预订书报以外，更多的是沿街逐门逐户去推销。时间长了，他便产生了一个念头，在推销书报的同时，何不也推销其他商品？打定主意之后，他便选择了推销香水。后来，经过他的努力，香水的销售额反而远比书报更大，而且赚钱也更多。于是，他就决定放弃推销书报，干脆专干推销化妆品。很快，他自己就创办了一家香水公司，并取名为加利福尼亚香水公司。

麦肯尼尔不可能再像以往那样，亲自去沿街做推销工作了，他想出了一个办法：聘请许多家庭主妇为推销员，在各条街道上帮公司进行访问推销工作。其实不只是麦肯尼尔采用过这种方法，其他的人同样也采用过，只是他运用得最好最有效而已。因为，当时很多推销员在访问推销过程中，常常把一些质量差、价钱高的东西硬卖给人家，使人们吃亏上当，再也不肯买第二次。麦肯尼尔则不然，他的公司确定了两条原则：一是被雇用的访问推销员只能在自己居住的街道进行，用户可随时找到她。二是质量差的物品可以找推销员包换。可见，麦肯尼尔的原则是对用户负责，不使用户吃亏。其结果，近悦远来，消费者放心而愉悦地购买他经营的香水。公司很快发展壮大起来了，推销员达万人，香水覆盖面由加州扩展到其他各州。

1925年，美国进入经济衰退期。然而不景气反而使加利福尼亚香水公司名声大噪。麦肯尼尔在雅芳河岸边买了一处环境静谐而优美的地皮，在这里又建成一家规模很大的香水工厂，并把公司的名称正式改为"雅芳"公司。

可以说，雅芳公司的诀窍是将推销做到普通人中间去，做好产品与人相结合的工作。雅芳"访问推销员"分布在美国和世界各地，她们都是兼职的推销员，文化程度、年龄、社会地位都不相同。95%以上是妇女，75%以上有孩子，一半以上是没有推销经验的生手。在麦肯尼尔之后，雅芳公司的管理者仍然继承他的做法，坚持"访问推销"。如今，雅芳聘请的主妇"访问推销员"在全球已多达30万人。比如，哪条街道建起了一座高尚住宅，"雅芳"就在这座公寓里找到一位适合的主妇担任"访问推销员"，挨家挨户地去推销雅芳香水。

雅芳的30万推销队伍按照一定的组织形式构成一座"金字塔"。一个推销员负责该地区300户人家的访问推销；每100~200名推销员之上有一位代理经理，负责对这些推销员的训练和监督；地区经理由雅芳公司的正式职员担任，直接由董事长管理。雅芳公司就是通过这种组织形式，访问推销到千家万户，锻炼出数以10万计的推销能手。

访问推销看似是一种很平常的方法，但在雅芳公司却运用得很自如。有一条原则使主妇们愿意充当雅芳公司的推销员，并发挥其最大力量去做好各自的推销工作，那就是：把利润的40%分给主妇推销员，作为给她们的报酬，使她们与公司共存共荣。雅芳之所以越来越繁荣，是与这条原则的贯彻执行有关的。人们赞扬说："雅芳就像是一个和睦而有组织的大家族"，"雅芳充满着绅士精神"。每个季度，雅芳公司把货物按推销员报来的订货单送到她们家中，货物销出后，只需把60%的货款交给总公司。如果某个推销员想要多拿钱，就只有通过自己的努力，扩大推销量，多劳多得。公司还规定，对那些成绩卓著的推销员给予奖励，提供到欧洲、夏威夷或美国全国旅游一次，或是奖给实物等。这些措施使推销员的积极性得到充分的发挥，她们经常自动加班加点和延长工作日，或主动安排好家务挤出时间去搞推销。

雅芳公司从诞生到发展壮大，都是与"访问推销法"紧密联系在一起的。设立雅芳公司，源于麦肯尼尔在"访问推销"中受到的启发；公司的快速成长，靠的是"访问推销法"的鸣锣开道。雅芳公司的成功，在于对"访问推销法"最为有效的运用；在于通过"访问推销法"把推销做到普通人中间去。

"访问推销法"的最为有效和成功之处，在于能把推销做到普通人中间去。推销员在自己的居住地推销，使顾客更为放心，而与之相对应的

"金字塔"式的组织方式，实现了分散与集中的最佳结合；销售额提成的利润分成制度，为广大推销员提供了有效的激励。这两个条件是确保"访问推销法"能发挥最大效能的关键。

非法传销为何被法律禁止？
——金字塔式销售

金字塔式销售是一种骗局，其架构为：由所谓某"投资"或"买卖交易"办法的推广组织，利用几何级数的方式，赚取加入这些办法的新成员所缴纳的费用，借以牟利。各国司法单位所发现的许多相关的诈骗方式，名目繁多，包括"连锁信"、"滚雪球"、"连锁式销售"、"金钱游戏"、"推荐式销售"、"投资乐透抽奖"等。

2003年3月以来，李某以天狮临安专卖店的名义大量发展下线进行非法传销活动。她通过花1 680元购买一份天狮保健品成为公司业务员，获得发展下线业务员的资格，并通过发展下线的多少提取奖励。至案发，已发展下线90余名，销售天狮保健品13万元。同时，李某还以会员的形式组织从事"亚洲生活网"产品的非法传销活动，共发展会员21人，销售产品12.9万元。由于涉案金额巨大，李某已被公安机关依法逮捕。

金字塔式销售法是世界直销联盟所关切的一个问题，因为推广金字塔式或类似销售法的组织往往伪装为正当合法的直销。下列几点要素可清楚划分合法的直销事业与非法的金字塔式传销的不同之处：

一是合法的直销公司会以销售优质产品给消费者的方式为基础，提供一个真正做生意的机会。金字塔式传销法则不具有在商业上实际可行的产品销售基础。

二是合法的直销公司不鼓励囤积过量的产品，并提供加入者退出直销计划的机会。金字塔式销售法却往往鼓励、甚至要求加入者购买大量货品积存，而且不得退换，失望的加入者只能带着既卖不出去又不能退还货品的狼狈处境，不得不企图转嫁危机。

三是合法的直销机会可以只需最低的创业成本和极少或甚至没有存货投资风险。金字塔式销售法往往要求缴纳高额入会费和大笔的存货投资，且两者均不得退还。

四是可靠的直销公司，其销售和行销计划以直销人员因拓展该公司产品客源而日渐获得肯定和奖励为基础。金字塔式销售法则以快速致富之道为诱饵，诱使加入者购买最有利可图或领导人的职位。

如何防止企业对销售员的管理失控？

——光明营销

以单兵作战为特征的销售过程难免处于"黑箱"状态，如何防止销售员跳槽带走客户已成为管理的新课题。光明营销就解决了这个问题，它指的是整个营销过程要透明化，避免营销过程处于"黑箱"状态，也就是要实现对营销过程全方位的监控。

光明营销，意味着营销管理重在控制过程，而不是控制结果。传统的营销体制通常只控制营销结果，对营销过程并不关心，营销过程处于"黑箱"状态，这是一种非常失败的营销管理体制。因为结果是过程产生的，结果只能是过程的结果，有什么样的过程就有什么样的结果。控制了过程，实际上也就控制了结果。对结果进行控制的意义，仅仅在于它能起到"亡羊补牢"的作用。因为结果已经发生，原有的过程已不可再重复。

一家生产电子产品的公司，对销售分公司的管理一直处于失控状态。销售分公司的运转情况不清楚。结果有的分公司利用货款购买了轿车、有的用货款进行新的投资、甚至有个别分公司经理携款出走，总应收款达一千多万元。由于未对销售分公司的运行状态进行监控，运行状态不透明，等到公司发现上述状况时，已经造成既成事实，给公司造成了不可估量的损失。采用透明化营销管理方案后，就完全杜绝了上述现象。

通过对企业的营销咨询和企业的营销实践，我们认识到，透明化的营销管理至少有三大好处。

1. 透明化营销有助于对客户资源和分销网络的控制

对企业来说，分销网络和客户资源是企业最宝贵的无形资产。但如果企业不能对分销网络和客户资源进行有效的控制，则这种无形资产对企业就没有任何价值和意义。在营销过程处于"黑箱"状态时，客户资源成了销售人员的个人资源，而不是企业的资源。一旦销售人员离开企业，新的销售人员很难接上原销售人员的业务，就可能意味着客户资源的丧失，也意味着企业为开发客户资源所付出的人力、物力、财力全部丧失。这些销售人员之所以能带走客户资源，就是因为企业没有对营销过程进行有效监控，营销过程不透明，销售人员把企业的客户资源变成了个人的资源，把企业为营销所作的投入用来为自己建立关系网。

2. 透明化营销，为企业领导进行营销决策提供了信息支持

市场竞争千变万化，企业领导必须时刻对市场信息进行追踪，以便适

时作出营销决策。在营销过程处于"黑箱"状态时，营销管理人员很难及时获得商场第一手信息。营销管理人员通过销售人员口头汇报后也能获得部分市场信息，但这些信息往往是定性的而非定量的，而且可能带有销售人员个人的主观意见，通过透明化的销售，营销管理人员既能通过销售人员获得市场总体印象，也能直接获取第一手的市场信息。从而更便于营销管理人员准确地把握市场动向。

3. 透明化营销增加了销售人员的压力

因为销售人员的行踪，全部在营销管理人员的视野之内，每个销售人员跑了哪些客户，解决了什么问题，营销管理人员一目了然。因此，便于对销售人员进行优胜劣汰。在透明化的营销体制之下，销售人员的压力大增，必将促使他们更加努力地工作。

光明营销，要实现三个透明化，即客户资源的透明化、交易过程的透明化、营销机构运行状态的透明化。

客户资源的透明化，要求对所有客户情况，不仅销售人员要了如指掌，而且要形成规范化的文字档案。

交易过程的透明化，即对销售人员客户交易的时间、地点、渠道、价格、交易对手情况、折扣进行监控。其目的：一是维护市场秩序，避免销售人员跨区域销售、无故降价销售等现象出现；二是通过这些信息对市场状态进行研究，把握市场规律。

运行状态透明化主要指对销售人员和分支机构的应收款情况、收入分配情况、收支平衡情况、库存情况、资金流转情况进行监控。观察是否处于正常运转状态。

要实现光明营销，困难比较大，操作起来比较复杂，不容易得到销售人员的配合。因为销售人员"将在外，君命有所不受"，比较难以控制。在营销过程处于"黑箱"状态时，部分销售人员能够从中获得个人的利益，一旦实行透明化营销，就意味着销售人员再也不能将客户资源变成个人资源，销售人员与企业讨价还价的余地也小得多了。因此，实行光明营销不可避免地要遭到部分销售人员的反对。而且由于对营销过程进行严密的监控，工作量将有所增加，管理费用相应上升，这些都可能成为反对实行透明化营销的理由。但是越出现这种情况，透明化的营销管理就越应该成为企业坚定不移的目标，宁可用人多一点，费用高一点，也一定要透明化。

对于不愿意实现透明化营销的销售人员，诚然应立足于疏导和教育，但对因难以弃舍既得利益，而持坚决反对的销售人员，不论其能力多强，也要坚决予以辞退。因为能力越强的人，掌握的客户资源就越多，在营销过程处于"黑箱"状态时，能力越强的人离职时，对公司的损失也越大。

第8章

[广告与公关课]

为何商家愿意给电影提供赞助？
——交叉营销

超市里卖有一种儿童饮料，饮料瓶子是一个"奥特曼"的玩具，孩子们会因为喜欢玩具而购买这种饮料；高尔夫球场的休息室里会销售高档商务人士的杂志，也会在球场的空地上出现别墅的广告牌；反过来，别墅的售楼处会指示你到附近高尔夫球场的行车路线……这种在卖饮料的地方卖玩具、向打高尔夫的人推销别墅的营销方式，就是所谓的交叉营销。

随着现代传媒的快速发展，企业将有更多的选择空间为自己的产品进行品牌宣传，早在1982年，赫尔希食品公司就与导演斯皮尔伯格合作，在其拍摄的电影《外星人》中插入"外星人"在影片中大吃赫尔希食品的镜头，结果，随着电影的放映，赫尔希食品的销售量直线上升。此事至今仍被传为美谈，被列为广告商与电影人合作的经典案例。时至今日，虽然生产商与电影厂商之间的"赞助"式合作仍很流行，但这种方式已经有些初级，尤其是与可口可乐等营销大师相比。可口可乐公司不仅早就玩过"赞助"式营销，还将这种手法不断升级，成为交叉营销，甚至全球独家交叉营销。不仅如此，可口可乐的交叉营销伙伴也早已不再局限于电影公司，还包括了与餐厅、音乐、体育等领域的合作。

交叉营销是在瞄准同一市场，但没有构成直接竞争的企业间进行营销资源的战略整合，通过把时间、金钱、构想、活动或演示空间等资源进行整合，为企业提供一个低成本的渠道，去接触更多的潜在客户。

下面我们来看看可口可乐与电影、银行、主题公园领域的"交叉营销"。

1. 可口可乐与电影

如果翻看可口可乐的广告史，你会发现，早在20世纪30年代，可口可乐就已经看好电影的影响力，经常把一箱箱可口可乐运到电影片场，希望导演在电影中为可口可乐安排镜头。因此，在哥伦比亚电影公司制作的一系列影片中，只要有可能，可口可乐都会获得出奇的上镜率。1989年的著名喜剧片《谁被踩蹋》中，遍地都是可口可乐，差点变成可口可乐的广告宣传片。1982年，可口可乐更进一步收购了当时处于困境中的著名电影公司哥伦比亚。为了对付百事可乐，更是经常利用哥伦比亚电影公司，最典型的就是《迷失》一片。《迷失》本来是讲述一个美国学生被谋杀的故事，但通过可口可乐的刻意安排，片中，独裁的皮诺切特政权、士兵，以及所有坏蛋都喝百事可乐，而代表正义的美国人都喝可口可乐。而仅2001年，可口可乐公司就参与了6部电影，进行赞助或交叉营销。它们分别是《重建人生》、《迈克斯·基伯的壮举》、《缘分天注定》、《玻璃屋》、《亡命夺宝》以及《泡泡男孩》等。在这些影片中，有些是可口可乐出现在演员们出入的消费场所，有些是带有一些简单的情节设计，而且这些场景与情节对年轻人今后选择可口可乐有很好的引导作用。当然，作为交叉营销的回报，可口可乐会向电影公司支付一定费用，可能还会利用自己的广告渠道为对方宣传。

2. 可口可乐与银行

除了金融业务往来之外，对于一般的饮料生产厂家，很难想象如何与银行在营销方面开展合作，但对于非同一般的可口可乐公司而言，此事并不难。2002年4月，可口可乐与全球知名的汇丰银行达成协议，两家联手进行交叉营销。如果消费者选择可口可乐饮料，就有机会赢得价值10万美元的汇丰银行在线存款账户。可口可乐公司事务部经理菲奥纳说："除了这个10万美元的超级大奖之外，可口可乐消费者还有机会获得25个价值1 000美元的储蓄账户。"菲奥纳还说："这次与汇丰银行进行交叉营销，主要得益于我们在爱尔兰的多次营销经验，我们知道消费者不仅喜欢现金，更喜欢马上得到。这对饮料销售是个非常有力的刺激。"汇丰银行高级营销经理安德鲁说："与可口可乐合作，对银行的在线储蓄账户是个物美价廉的广告。"其实，可口可乐不仅有在爱尔兰的经验，在与汇丰银行合作之前，可口可乐早于1998年，就曾与万事达卡进行过规模更大的交叉营销。

3. 可口可乐与主题公园

对于可口可乐来说，美国上百个主题公园，也都是它志在必得的重要市场，如果营销活动做得成功，这些市场的消费潜力不亚于看似遍地的餐馆。除了早在1955年就成为迪士尼主题公园的软饮料独家供应商之外，可口可乐一直在不断培养新的合作伙伴。最近最大的案例就是六旗主题公园。在美国十几岁的孩子中，六旗称得上是主题公园第一品牌。2002年8月，六旗与可口可乐签署为期10年的协议，正式建立全球独家营销伙伴协议，在28个六旗主题公园中，从2003年1月1日起，可口可乐将成为唯一软饮料供应商。六旗CEO说："我们与可口可乐已经有41年合作经验，全球交叉营销协议将使双方的关系进一步升级。"

交叉营销的优点主要有：

（1）帮助企业在激烈的市场竞争中脱颖而出。

（2）保持销售旺淡季现金流的平衡。

（3）激发人们更多的购物动机。

（4）在费用相同或减少的情况下，能更频繁地接触更多潜在的客户。

（5）培养与客户和社团间的信任。

交叉营销的作用主要有：

1）互利互惠，追求双赢。

2）寻找到令自己最受益的伙伴；实现这一目的前提就在于，交叉营销伙伴必须具备下列特点：

（1）服务于相同的顾客群，但不存在竞争；

（2）伙伴企业中有相识的经理，有利于共事；

（3）服务于企业想争取的顾客；

（4）双方的商业淡旺季互为对补，一方淡季时，另一方恰好是旺季；

（5）一方的客户群至少同另一方现有的客户群一样大；

（6）拥有与对方不同的资源，包括高访问量的网站、邮件列表、专家技能、场地、不同的细分市场等；

（7）双方有可互相捆绑销售的产品或服务，互相兼容的价值观念。

实施交叉营销时的要点主要有：

（1）在收据上打印共同促销的信息。

（2）如果顾客购买，提供降价、特别服务或便利服务。

（3）在双方的场所和产品上悬挂对方产品的标志或海报。

（4）在本地活动或接受媒体采访时应提及合作伙伴的优点。

（5）向顾客派送双方的广告宣传单。

（6）收集邮件列表，向顾客发送共同促销的明信片。

（7）一起接受地方媒体的采访。

（8）鼓励各自员工宣传合作伙伴的产品能如何与你的产品共用。

（9）顾客大量购买时，向他们提供合作伙伴的产品，并要求合作伙伴采取同样的做法，合办店内活动或办公室活动，比如产品演示和免费讲座等。

为何 "王老吉凉茶" 让人心里温暖?

——感动营销

如果某一品牌的营销推广行为能够使它的目标顾客深受感动,我们就称之为"感动营销",感动营销是高境界的营销手法之一。

品牌价值有一个被中国企业忽视的要素就是品牌的社会特征,包括公益,回报社会,环保,诚信等。感动营销出自诚信的企业文化,才能感动消费者。古时候商业恪守"童叟无欺"的原则,讲究"君子爱财,取之有道"的信念是感动营销的前提。

一个不坚持原则的企业,不讲究商业道德的企业,根本谈不上感动营销。遵循基本的商道和企业"做人"的原则是感动营销的基础。

电视剧《大宅门》中白景琦焚烧了价值七千万两白银的不合格中药,如果放在今天就是感动营销的典型案例。

无独有偶,海尔的砸冰箱事件也创造了顾客感动。

但是最值得一提的是王老吉凉茶。这家企业在饮料行业的经营可谓不温不火,但是2008年的汶川大地震改变了它的命运。当"王老吉捐款1个亿"的消息传遍全国时,所创造的"感动"效应是用金钱无法衡量的,很多人流着对死难同胞悲痛的泪水走向超市,买光了货架上全部的王老吉。人们记住了这个本来名不见经传的品牌,而且每次想起来,心里都有着一丝温暖和感动……

　　然而，不少企业对感动营销的理解是肤浅的。他们认为自己可以操纵消费者，制造感动，骗取消费者"廉价"的感情，这样的做法也许可以一时"吸引"或者"打动"了消费者，但那不是消费者源自内心的感动，最终消费者会摒弃这些不讲诚信和原则的企业。

　　为了感动而去制造感动，就不会得到感动的回报。就像公司里最看重钱的人反而得不到最高的报酬，相反是那些为了责任心和内心成就感的员工提升得最快；也正如最好的销售员往往不是外貌出众和能说会道的人，而是真心热爱公司的产品和真情为客户服务的人。

　　感动营销的具体实施要做到以下几点。

　　（1）抓住顾客的感动需求，在我们的日常生活中，感动是极其稀缺的资源，这就需要企业抓住顾客渴望感动的需求。

　　（2）采用感性化诉求手段。在营销宣传中，采用感动化的诉求手段，引起观众的心理共鸣，才可以贴近顾客的心、打动顾客的心。

　　（3）感动营销基于品牌策略之上，是否采取感动营销，或者怎样实施，是品牌建设策略基础上更高一筹的操作手法，它不可避免地要服从于品牌建设、传播总策略。

　　（4）最关键的一点：不要为了感动而感动，能感动自己才能感动顾客。虚情假意和作秀式的炒作，从长期看对品牌毫无益处。也不要制造企业自身无法承受的感动，王老吉捐款1个亿是在企业的承受范围之内的，如果捐款10个亿，也许就压垮了企业。

怎样给消费者放一点"感情债"？
——情感营销

　　情感营销，是指在产品相对成熟的阶段，在品牌的核心层注入情感，增加品牌的核心文化，并在产品的行销过程当中，通过释放品牌的核心情感能量，辅以产品的功能性及概念需求，打动消费者，保持产品在稳定上升的过程当中有爆发性的增长。

　　美国推销大王坎多尔说："推销工作98%是感情工作，2%是对产品的了解。"感情在整个营销过程的中起着一种点燃的作用，营销革命需要它的点燃。顾客买的不单单是产品，还有你的态度、服务和感情。因此要学会给消费者放一点感情债，那么消费者会觉得"欠你"。

　　情感销售包括情感的包装、促销、诉求（广告）、口碑和设计这么几个方面。

1. 情感包装

　　产品的设计一定要富有个性和人性，将消费者的感情考虑进去。俗话说，佛靠金装人靠衣装。这充分体现了包装的重要性。那么如何设计出让人满意的产品包装呢？根据不同的对象、不同的处境和当时场景进行包装设计，将会取得预想不到的营销效果。比如农夫山泉就打出"一瓶水，一分钱"的口号，承诺销售一瓶农夫山泉就捐献一分钱给希望工程。这获得了大众对农夫山泉的认可，也得到了政府的支持，所以在短短的时间内就成为了天然水类别中的第一品牌。

2. 情感广告诉求

在品牌传播的过程中，不要把诉求点仅仅放在产品本身，还应将对消费者的关怀与产品利益点完美结合，获得广大消费者的共鸣。贵州青酒厂请刘青云做形象代言人，广告词是"喝杯青酒，交个朋友"，将消费者平时和朋友聚会的场景再现，一种友情油然流露了出来。

3. 情感口碑

口碑事实上也属于一种品牌传播的途径，相当于一种活广告。也就是说我们在通过人们的口头传播时，一定要赋予情感的成分。

4. 情感设计

是指厂商在制造产品的过程中，充分考虑到不同层次消费者的需求，了解他们特有的心理和感情，设计出表现感情的地方。绝对伏特加酒以前的瓶子就十分难看，像一个药瓶，不但容易在货架上迷失，还会让消费者反感。在做过市场调查之后，Carillon公司进行了独特的设计，突破了营销的难关。

哈尔滨制药六厂的营销诉求，就有明显的向情感营销转向的趋势，尤其是最近连续播放的"助残广告"及"公益广告"，正在令其相对成熟的品牌具备更多的情感内涵。"只要人人都献出一点爱，世界将变成美好的人间"、"劝君多走几步路，莫拿生命当赌注"、"点滴之爱，人间真情"……经过一段时间的广告攻势，很多消费者对以上的广告都已耳熟能详。这种独特的文化诉求、公益主张、爱心体现，正在令其品牌的核心层更加坚固！如果把品牌看成是产品与消费者之间的一种关系的话，哈药六厂正在用情感营销的模式，把这种关系变得更加融洽，甚至无可替代！

情感营销是与理性营销相对应的一种营销策略。一个突出的例子是乐百氏。

乐百氏在2000年以前采用"乐百氏，27层净化"的广告语，2000年4月，黎明演绎的"纯净、你我、乐百氏"篇在中央台一套黄金时段隆重登台。随着"爱像水一样的纯净，情像水一样的透明"不断在受众耳畔响起，乐百氏水的情感诉求攻势丝丝入扣地渗入消费者的心田，开始俘获消费者的"爱"。这是两个截然不同的营销思路，前者突出的是乐百氏在功能上的突出性，以理性的态度进行开展营销宣传，后者则演变成了情感诉求，突出的是引起消费者情感的共鸣。

营销宣传就其实质而言，是以说服为目的的信息传播形式，即通过有针对性的传播信息对消费者进行诉求，促成消费者接受广告主所倡导的观念，并采取广告主所期待的行为——购买广告主所生产的产品或提供的服务。在通常情况下，理性营销运用在新产品投放市场的营销工作上，因为此时，营销的首要任务是获得消费者对产品本身的信任（而非感情），这就需要通过简单、生动的产品功能的解说、特征的描述等，进行理性诉求，使消费者在理性分析的基础上认知产品的实用价值。

但是，一个产品要在市场上谋求长久牢固的地位，单纯地依靠理性诉求是远远不够的。要维持并强化理性诉求的功效，尚需借助于情感诉求。情感诉求极力渲染美好的情感色彩，把产品塑造成人际或心理角色，传达产品给人们带来的种种精神享受，给产品溶进优美动人的生命力和丰富的情感内涵，加强形象的审美性，促成受众对产品的审美欣赏与接受。

如果说理性诉求获得的是消费者的信任的话，那么情感诉求获得的是消费者在情感上的忠诚。而后者才是企业品牌得以持续发展的关键点。

为何 思科的起诉给华为做了免费广告?

——事件营销

事件营销是指企业通过策划、组织和利用具有名人效应、新闻价值以及社会影响的人物或事件，吸引媒体、社会团体和消费者的兴趣与关注，以求提升企业或产品的知名度、美誉度，树立良好的品牌形象，并最终促成产品或服务销售目的的手段和方式。

目前，我国许多企业已经认识到事件营销的重要性，而通过这一营销方式有效地提升了市场知名度和影响力的企业也不乏其例。

华为与思科的经营诉讼。2003年1月23日，思科正式起诉中国华为技术有限公司及华为美国分公司，要求其停止侵犯思科知识产权。在一个世界排名500强且来势汹汹的强大对手面前，华为没有退却，而是勇敢地接受挑战，积极调动法律、政府、媒体、客户、合作伙伴等各项资源来参与这场持久战。

这场诉讼的结果是，2004年7月28日，思科与华为达成和解，法院终止思科对华为的诉讼，专利争议全部解决。有趣的是，尽管官司以和解而告终，但连思科都不得不承认，在这场为期一年半的诉讼之中，华为获得了比思科更多的商业利益和市场机会。

市场研究机构的分析师们认为，这场诉讼表明华为是一个真正的市场参与者，"当潜在客户听说华为是思科的低价竞争对手时，很可能会考虑与华为合作以节省开支"。而华为公司相关人员则认为，思科并没有通过这场官司达到在市场上阻击华为的目的，"恰恰相反，官司给华为产品在全球做了一次免费广告"。

作为一种强大的营销推广方式，事件营销依托的基础是"事件"，而"事件"本身就具备先天的吸引眼球的特性，这对营销推广来说是不可多得的要素。不过，吸引眼球只是一个方面，从经营的角度来看，比起长期的广告投入，事件营销所具有的一大优势就是经济实惠、节约成本的特征。尽管华为在长达一年的诉讼中付出的代价不菲，但比起在媒体直接投放广告仍是物有所值，因为事件本身更能吸引行业乃至公众的关注。成功的事件营销尽管能够迅速、显著地提升企业知名度，但是一着不慎将满盘皆输。因此，企业在切入事件时必须慎重树立自身形象，对于重大的事件更须与咨询公司、公关公司配合操作，例如，华为在被思科起诉之后所作的第一个决定就是更换国际知名的公关公司来协助处理诉讼。

对于策划人员来说，事件营销要求高度的技巧性，否则极容易给自己造成伤害——不仅仅是利用有利的事件进行营销推广，更多的时候，营销人员面临的是不利的事件，华为遭受诉讼即是此例。

在事件营销的具体操作上，我们要注意以下几个问题。

1. 选准切入角度，控制舆论导向

有效的事件营销操作，必须分析企业自身特点与事件的核心之间的相互关联，务求完美吻合，并据此选取恰当的切入角度。在这样的前提下，企业还需要控制好媒体和舆论的导向，要通过各种策划促使媒体舆论朝着对自己有利的角度展开宣传。

2. 把握关键问题，引导事件走向

事件营销不能让最终的结果对企业产生伤害，因此要善于引导事件的走向。比如上面说到的华为。在国内，华为打出了"民族主义"的旗帜，而这是许多中国媒体所无法抗拒的。作为民族高科技企业的代表，华为早

已引起了媒体的高度关注，而本次华为积极配合的态度恰好给了期待已久的媒体一个绝好的机会，在许多媒体的报道中，以"民族主义者"姿态出现的华为赢得了极大的民心，而这个诉求点远胜于普通形象广告。在国外，华为则选取了不同的立足点，通过与《财富》、《华尔街日报》等媒体主动交流来强调自身的规范化运作，让国外公众对其产生新的认识。

3. 要有发展眼光，着重塑造持续影响

事件营销不应当成为一个单独的营销推广操作，不应当仅从短期知名度的提升上进行事件营销。真正能够将事件营销做到极致并获取成功，必须有一系列完备策划、一连串后续操作，并设法将短期效应切实转化为企业的知名度和美誉度——事件营销要求我们具备发展的眼光和系统的策划能力。

4. 遵从提高市场效益的目的

事件营销要以实现市场效益为最终目的，这包括两个方面：一是形象宣传，通过事件营销获得良好的市场形象是创造企业市场效益的一种手段；二是同时进行产品促销，市场形象是长期的，产品促销是短期的，要把两者结合起来，才能最大限度地为企业创造效益。

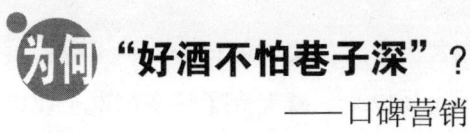

为何 "好酒不怕巷子深"？
——口碑营销

"好酒不怕巷子深"，在一些现代营销人士看来，这与现代营销理念是不相符的。实际上，这句话中隐含着一个古老但非常有用的促销产品和服务的手段——口碑营销，这是一种不需要高成本投入而又成效显著的方法。

很多人都会认同这一点：最好的广告形式来自亲朋好友的口头宣传。在当前高信息量、快节奏的生活环境下，大多数人已对每天商业广告的轰炸近乎无动于衷：很多人拿着遥控器跳过电视中的广告，浏览报纸杂志时毫不犹豫地翻过其中的广告版，对于路边的巨型广告牌或灯箱也似视而不见。但是一旦他们听到一位亲友推荐某个产品或某项服务时，不仅会对此很感兴趣，而且多半还会亲自一试，因为大多数人相信亲友不会向他推荐劣等货。

西门子公司在开拓中国家电市场的营销策略中，除了针对目标消费群的特征和产品的风格精心设计出富有特色的宣传品，并通过适当的媒体向大众介绍西门子的家电新品外，还充分利用口碑这种最古老最有效的广告方法，策划出一些有创意、易实施的低费用营销项目，以面对竞争日益激烈的市场。当西门子滚筒洗衣机、电子温控冰箱进入越来越多的城市时，所有的西门子销售人员都感受到了这种高效率、低成本的口头宣传和推荐为他们带来的好处。一些销售区域经理不无感触地说，告诉那些西门子产品的使用者你想要他做什么，顾客一般都会十分合作。在实际操作中，给那些对使用产品感觉不错的顾客一些鼓励，他们会很乐意地向周围的朋友推荐我们的产品。

为了给广大用户提供全方位的完善服务，为集团的口碑营销工程提供良好的硬件，西门子家电自进入中国市场以来，就摒弃了许多家电企业以设立"特约维修点"为主的售后服务体系，而是大力创建属于自己的全国性售后服务网络，目前已建立了一个包括8个售后服务中心、15个售后服务维修站以及面向偏远地区的520多家授权维修点的全国售后服务网络，显示出西门子家电扎根中国的决心。对于售后服务在销售中的地位，西门子家电销售总经理盖尔克先生说，任何一个消费者都不希望自己买到某一家电产品后很快就享受到该产品的维修服务，因此西门子家电希望提供给消费者的售后服务是尽可能不需要维修的高品质、高技术的优秀产品，但用户在任何时候都会感到我们就在他身旁。

实施组合口碑营销的三个步骤。

1. 口碑营销第一步——鼓动

赶潮流者是产品消费的主流人群，他们是最先体验产品的可靠性、优越性的受众，会在第一时间向周围朋友圈里的人传播产品本身质地、原料和功效，或者把产品企业、商家5S系统、周密的服务感受告诉身边的人，以此引发别人跟着去关注某个新产品、一首流行曲或是新业务。

宝洁公司的Tremor广告宣传近来引起各方关注和讨论，我们觉得在口碑营销上Tremor广告做足了"势"，靠大家的鼓动和煽情提升产品的认知度，宝洁投入了一定时间和精力，但实现了口碑营销的低成本策略。

我们深信，鼓动消费精英群体，口碑组合化、扩大化，就能拉动消费，使产品极具影响力。的确，像宝洁、安利、五粮液等等这些的品牌公司，在口碑营销上一直在努力，一方面，调动一切资源来鼓动消费者购买欲；另一方面，大打口碑营销组合拳，千方百计扩大受众群，开展"一对一"、"贴身式"组合口碑营销战术，降低运营成本，扩大消费。

2. 口碑营销第二步——价值

传递信息的人没有诚意，口碑营销就是无效的，失去了口碑传播的意义。任何一家希望通过口碑传播来实现品牌提升的公司，必须设法精心修饰产品，提高健全、高效的服务价值理念，以便达到口碑营销的最佳效果。

当消费者刚开始接触一个新产品，他首先会问自己："这个产品值得我广而告之吗？"有价值才是他们在市场上稳住脚跟的通行证，因而他们所说的"口碑"的必须是自己值得信赖的有价值的东西。

当某个产品信息或使用体验很容易为人所津津乐道，产品能自然而然地进入人们茶余饭后的谈资时，我们认为产品很有价值，因此也易于口碑的形成。

3.口碑营销第三步——回报

当消费者通过媒介、口碑获取产品信息并产生购买时，他们希望得到相应的回报，如果盈利性企事业单位提供的产品或服务让受众的确感到物超所值，就能进而顺利地将产品或服务理念推广到市场，实现低成本获利的目的。

口碑营销作为一种新型的市场营销策略，同传统价格策略、促销策略和渠道策略一样，都是针对具体的市场情况而采取的创新策略。

虽说"好酒不怕巷子深，"但在如今竞争激烈的商业社会，再好的酒，也必须要宣传，才会有销路。口碑营销有其历史局限性，不可盲目推崇。

怎样把市场的突变转化为机遇？
——危机营销

所谓危机营销，就是指企业在面对外部危机时所采取的特殊的营销措施，因为外部危机发生时，企业所遭受的压力往往来自于外界、来自于消费者甚至公众，因此展开危机营销常常能起到对症下药、快速缓解危机危害的作用。

俗话说，"天有不测风云"，即使企业自身的经营管理不出现大的问

题，外部自然环境和需求环境的突变也可能形成危机，例如自然灾害、非典。通常我们把这类危机称为"外部危机"，由于其往往难以避免，且事出突然、猝不及防，极有可能使企业在一夜之间就陷入低谷，甚至从此一蹶不振。

不过，我们也并非毫无办法应对外部危机，开展危机营销就是其中一个方面。外部危机虽然不可避免，但我们可以采取各种措施尽量减少它所造成的不良影响与损失，甚至通过危机营销化危为机。

2004年12月8日，一篇题为《福建食品名企遭遇滑铁卢——达利、福马皆有产品不合格》的文章引起社会各界强烈关注，各大媒体争相转载。福建食品的命运，再次成为行业焦点。

2005年，福建的食品企业在中央电视台、湖南卫视等强势媒体纷纷亮相，广告投放非常活跃，雅客、福马、亲亲、盼盼、达利等几大企业开始向领军品牌发起了集体冲刺。但"乱花渐欲迷人眼"的市场表象，仍掩盖不了福建食品行业在营销上的危机与不足（单一、传统和雷同）。福建食品如果长期沉浸在这样的热闹表象中，必将在危险的道路上渐行渐远。它出名不出货的现状，随着此次危机事件的暴露，也将更清晰地呈现在世人面前。

因此，福建食品不仅要应对业已暴露的质量危机；更应立足长远，化解危机。

如何化解福建食品在营销上的突出危机？"中国新产品营销团"根据自己多年在食品行业的营销经验，总结出以下应对福建食品危机营销的五大攻略。

攻略一：市场细分，做足产品差异化工程

攻略二：传播创新，提高传播效率

攻略三：聚焦原则，实现产品线和产品的重点突破

攻略四：整合行业资源，抢占市场先机

攻略五：杂交营销：功效品牌化，品牌功效化

福建食品虽然已经在整个中国食品行业树立了一定的影响，但仍以地方小品牌居多，还没有形成具有全国影响力的行业领军品牌。因此，福建食品营销只要发挥灵活的拿来主义精神，把握市场先机，结合市场现状及时调整，必将真正尝到营销制胜的甜头，从区域性品牌真正跃升为全国品牌。

从具体操作的角度来看，危机营销依托于完整的危机管理体系，这个体系包括了以下几个方面的内容。

1. 危机规划

营销管理人员必须经常审视和回顾消费者的需求、期望值，这些都是确定危机管理过程的重要指标。

2. 危机评估

危机评估是指辨别和分析危机。营销管理人员应该能正确地评估危机的范围是全局的？局部的？区域的？产品的？流通的？……并分析出危机的严重程度和可能造成的损失。

3. 危机处理

营销管理人员正确地评估了危机的范围和程度后，就可以决定如何来处理危机，是利用手段，还是通过终端、宣传。

4. 危机监控

根据危机评估的结果和危机处理的过程，营销管理人员应该对危机处理的全过程进行监控，并根据情况的变化及时改变危机处理的方案。

5. 危机总结

应该说，危机总结是危机营销流程中最重要的一环，只有对危机发生和危机处理的全过程进行记录和总结，企业才能真正做到化危为机。

第9章

[品牌管理课]

如何让品牌与其目标消费者建立联系？

——品牌定位论

品牌定位是指企业在市场定位和产品定位的基础上，对特定的品牌在文化取向及个性差异上的商业性决策，它是建立一个与目标市场有关的品牌形象的过程和结果。换言之，即指为某个特定品牌确定一个适当的市场位置，使商品在消费者的心目中占领一个特殊的位置，当某种需要突然产生时，比如在炎热的夏天突然口渴时，人们会立刻想到"可口可乐"红白相间的清凉爽口。

在日益品牌化的今天，无论你是新生品牌还是同类产品，正确定位都是至关重要的。以下是关于品牌定位的几种主要方法。

1. 抢占心智法

所谓抢占心智也就是占领消费者的心理，从而在消费者心理建立起第一的地位。在1972年美国人阿尔·莱斯和杰克·特劳就提出了类似的说法，在他们合著的一本关于定位的书——《心理战》中，特劳和莱斯提出：定位是针对现有的产品的创造性的思维活动，它不是对产品采取什么行动，而是主要针对潜在顾客的心理采取行动，是要将产品定位在顾客的心中。

抢占心智必须做到第一，就像人们无法忘记自己的初恋情人一样，第一个抢占心智的比第二个具有无法替代的优势，第二位要赶上第一位要付

出更大的代价。可以试想，百事可乐要赶上可口可乐、乐百氏要赶上娃哈哈、雪驰要赶上波司登要付出多大的力量。这就是市场第一原则。

2. 抢占空位法

任何一个行业、一类产品，尽管在市场上可能花花绿绿，应有尽有，但你只要仔细分析总会有"空位"存在，找准了市场就起到了事半功倍的效果。这一点无论是从消费者群体到包装、通路、价格、功能电脑莫不如此。

3. 关联跟随法

以VCD行业为例，爱多可以说是为日后VCD的发展立下了"汗马功劳"。当初爱多VCD拿下中央电视台标王时，把VCD产业推向了前所未有的高潮，给沉没了许久的家电市场注入了一支兴奋剂，但培育一个新市场是需要时间和消费者的认知的，这也就是市场先驱者所要付出的代价。爱多以武打明星成龙的"我们一直在努力"叫响市场，而就在消费者对这个新生事物逐步了解的时候，步步高以李连杰的"真功夫"跟随其后。由于众所周知的李连杰的"真功夫"，使人们误认为爱多是标王，步步高也是标王，甚至至少是副标王，尽管步步高没有花爱多那样多的广告费，但其知名度却不亚于爱多，并且借爱多成龙的强势力量推出自己李连杰的"真功夫"，让成龙大哥为李连杰小弟当了回先锋。这就是爱多这个市场先驱者的教训，更是步步高这样的非"第一"品牌的经验，以至于后来爱多重病，步步高却后来居上，成为VCD行业的领头羊了。

4. 挤位法

顾名思义，此时消费者心目中已有自己的品牌目标——意中人了，但是如果能够根据自己的特色、优势形成核冲击力，把其心目中原有的品牌"挤"出去，从而树立起你的品牌，重新给予定位，你就有可能在竞争中击败对手得到消费者的认同。

品牌定位的目的就是将产品转化为品牌，以利于潜在顾客的认可。成功的品牌都有一个特征，就是以一种始终如一的形式将品牌的功能与消费的心理需要连接起来，通过这种方式将品牌定位信息准确传达给消费者。因此，厂商最初可能有多种品牌定位，但最终是要建立对目标人群最有吸引力的竞争优势，并通过一定的手段将这种竞争的优势传达给消费者，转化为消费者的心理认识。

占主导地位的品牌如何打赢品牌战？
——品牌防御战

只有在市场上居于领导地位的企业品牌，才应该考虑采取防御战略，但恰恰相反，在现实生活中，很多公司都把自己看作是一个主导企业品牌，而实际上，一个行业中居于领导地位的企业品牌只是极少数。

你的公司可以自封为主导企业品牌，但广大消费者却并不关心你这套！公司不能产生自己的领袖，只有消费者才能做到，只有被消费者视为主导企业品牌，才是真正意义上的领袖。况且我们现在所谈论的"领袖"，还只是主导企业品牌意思上的，而不是指唯一的领袖。因此，在开展品牌战役时，妄想者没有存身之地的，这就必须对真实的情况有一个清醒的认识，以便能从实际出发开展领导工作。你可以愚弄敌人，却不可欺骗自己！为此，下列策略原则需要着重考虑。

1. 及时反攻

在市场营销的商战中，面对突然袭击，应果断采取及时反击的举措。如果一个主要的竞争对手突然极大地削减了它的价格，你的公司将做什么呢？对大多数公司来说，毫无疑问，应当斗志昂扬地准备着发动回击，以期用迅速反击的方式使自己不处于被动，而绝不要说："等一等、看一看再说"。看看它是否影响到我们的销售；看看竞争者是否能长期地承受着财务上的压力；看看我们的消费者在试用了低价的代用品后，是否会再回到我们的身边来。等你看完以后，也许，你的故事已经被某个学校的MBA学生作为失败案例在分析了。

2. 保持后备力量

人无远虑，必有近忧，作为市场主导企业品牌，似乎并不应该在这方面花费太多的钱来将进攻者彻底地赶出市场。在市场营销活动中，最好的支出应该是足以把竞争限制在一定的限度内所必需的费用，而把其余的作为后备力量来加以保持。"后备力量的多少，总是双方司令官最关心的问题"。克劳塞维茨评论道。只有保存实力，才能打好一场持久的营销战。一旦有人采取竞争性进攻时，你能够有必要的财力保护自己的阵地。

对这一策略，安休斯·布希公司在他们的布达威施牌啤酒上，就利用得很好。在一些确定的市场上，他们一般都采取一种低姿态，但如果布达威施的销售开始岌岌可危，他们就会通过大量的广告活动，使布达威施重新获得优势。他们称之为"输送新鲜的血液"。这一策略不仅保证了它的收入，而且也使企业品牌保有余力，以对付竞争对手突然发动的全力的攻击。

3. 和平共处

竞争是必要的，但并不是最终目的，事实上，所有防御的最终目标，都是为了实现市场营销中的和平共处，以减少零散的游击战所带来的竞争。为此，应该努力去避免那种会导致两败俱伤的竞争活动。大多数公司只有一个胜利的机会，但主导企业品牌却有两个。如果主导企业品牌失去了攻击的机会，公司常常还可以通过竞争活动来恢复其阵地。但主导企业品牌必须在进攻者立足未稳之前，迅速地展开活动。当你拥有一块馅饼之时，你应该试图去扩大它，而不是试图增加自己的那一份的分量。这才是真正的竞争之道。市场营销上的和平共处，就是柯达公司在摄影等方面、坎贝尔公司在汤料方面以及国际商用机器公司在计算主机方面已经取得的成就。他们每一个公司都在各自的市场上占据着绝对优势的份额，以至在用户心目中难以找到第二家可以替代的公司。

此外，还有一些有利于主导企业品牌的心理压力。主导企业品牌不应该不加区分地接受是一个彻头彻尾的愚蠢观念。许多公司都后悔曾像上述的那样作出过太迅速的反应，因此，今天的格言更可能是："让我们先观察形势，看看会发生些什么"。但是，对于一个主导企业品牌来说，这是一个危险的策略。现在发生的事情太多了，而变化又太快，因此，对所有突然的事情，等一等、看一看只会使一切都迟了，最终自己会被淘汰出局。

当然，主导企业品牌绝不能因此而放弃竞争，相反，还应该时刻保持警惕，因为和平不可能会永远存在。战争经常是成双成对地出现的，且第二次世界大战的挑起者就是第一次世界大战中的失败者。对此，主导企业品牌可以改变其战略。他们可以变其品牌战略为一般产品战略，这就是为什么坎贝尔公司推销汤料，而不是推销他们公司的汤料。"汤料是一种好的食品"，该公司的广告说道，对任何人的汤料来说，大概都是如此。这也就是柯达推销照相胶卷，而不只是柯达牌胶卷的缘故，其电视广告中说道："时机会稍纵即逝"。

4. 挑战自我

"最好的攻击就是最好的防御"。由于企业品牌的主导身份，防御者在潜在顾客的心目中，总是拥有强大实力的，而提高自己这种地位的最好的办法，就是经常地攻击自己。换句话来说，即是你可以通过引入一些新产品和服务——他们足以淘汰你现存的产品和服务，来加强你自己的地位。

吉列通过其产品"蓝牌"刀片及后来的"超级蓝牌"刀片占据了剃须刀市场。当其竞争对手威克森·索德公司在20世纪60年代初期向市场推出一种不锈钢刀片时，吉列公司当时被打得晕头转向，不知所措。后来威克森公司在1970年接着又推出了一种黏合型剃刀，即把金属刀片以最适宜剃须的角度嵌合在塑料刀架中。这时吉列公司清醒过来，开始采取一些行动，并打了一场漂亮的防御战。很快，吉列公司开始通过特瑞克 II —— 世界上最早的双刃剃须刀来进行反击了。特瑞克 II 的成功遵守了吉列未来战略的雏形。"两面刀刃比一面的好。"吉列的广告这样宣传道。"它比超级蓝牌更好。"公司的消费者称赞道，并迅速地购买新产品以替代旧产品（自己夺去自己的生产要比被他人夺走更好）。6年以后，吉列公司又引入了阿特拉——最早可调整的双刃剃须刀，它的言外之意自然是新产品要比那种不能调整的双刃剃须刀特瑞克 II 更好。

吉列接着毫不犹豫地推出了"好消息"牌剃须刀，一种便宜的可自由使用的剃须刀（带有两个以上的备用刀片）。这显然是攻击比克公司，它正准备推出自己的可自由使用的剃须刀。"好消息"牌剃刀对吉列的股东来说并不是一个好消息。制造它要消耗更多的成本，而销售时又会降低备用刀片的销售量。因此，任何一个购买"好消息"而不要阿特拉或特瑞克 II 的人，在某种意义上讲，都在花费吉列公司的钱。但是，"好消息"的推出，却是一个好的市场营销战略。它阻止了比克公司在自由使用剃须刀市场部分轻易地取胜，且让比克公司为其并不过分的份额付出了昂贵的代价。商业资料透露，比克公司在头3年中，可自由使用的剃须刀生产上损失了2 500万美元。吉列继续采用无情地攻击自己的战略。最近又生产出皮伏特，最早的可高速自由使用的剃须刀。这一次他自己的"好消息"是其攻击的目标。吉列逐渐增加了其在混用剃须刀市场上的份额。今天吉利大约占了这一生意的65%。

攻击你自己也许会牺牲短期利润，但它们能保证你的根本利益和市场份额，因此，是任何营销战争中最基本的武器。反过来说同样也是正确的。任何一个犹豫进攻自己的公司，总是要失去自己的市场份额，最终会失去市场主导企业品牌的地位。

如何向占主导地位的品牌发动攻击?
——品牌进攻论

当企业品牌发展到一定程度，已经成为行业的重要企业，居于行业中的第二号或第三号的品牌时就应该打进攻战，而不是侧翼战或者突围战役了。毫无疑问，有所准备的就是进攻战了。为此，以下原则需要特别把握。

1. 主动出击

对于一个实力足够强大的企业品牌而言，发动一场进攻战是很容易赢得消费者注意的。因为，对主导企业品牌而言，把注意力集中在自己身上，要比第二号、第三号企业把注意力集中在主导企业品牌身上容易得多。大多数公司对所出现的市场营销问题的第一反应，一般都是研究他们自己的状况，考虑自己的强项和弱点，检查他们自己的产品质量、销售力量、价格，以及分销渠道等。他们常常会像主导企业品牌那样，旁若无人地高谈阔论和采取行动。其实，一个第二号、第三号的公司真正应该做的，是把其注意力集中在主导企业品牌身上，他们应注意的，是主导企业品牌的产品、主导企业品牌的销售量、主导企业品牌的价格，以及主导企业品牌的分销渠道等。

主导企业品牌所拥有的第一号的形象，是其在消费者心目中的地位。为了不被从中驱逐出去，首先应把注意力集中在对手身上，而不是在自己身上。因此，对一个第二号的企业品牌来说，更好的战略是去调查主导企业品牌的情况，并问自己"我怎样才能减少它们的市场份额呢？"当然，这并不是说让你通过炸毁它们的工厂或阻断其交通等手段，来削弱主导企业品牌的力量。对"主动出击"不可望文生义，而曲解了其在营销战中的本意。

2. 攻击弱点

攻击对手的弱点在于从主导企业品牌的力量中寻找薄弱之处，并向它发起进攻。

3. 短线进攻

前面谈过，没有一支军队可以将战线拉得很长，而在所有的区域都获胜：要尽可能地在一条较窄的战线上发起攻击，几乎任何一个全国性的产品或服务，都有可能在某一区域内被攻破。同样，作为进攻战，最为可取的是在某一单一产品上发起进攻，全线进攻代价太大，只有领导企业品牌才能承受得了，进攻战应该在一条较窄的战线上展开，尽可能地在单一的产品上进行。在这方面，市场营销人员可以从军事中学到很多东西。在第二次世界大战中，进攻常常在一个很窄的战线上进行着，有时只是为了攻克一条交通干线，只有打开了一个突破口后，进攻的力量才向两翼推进，以占领这一阵地。

克劳塞维茨说过，"绝对的优势是难以获得的，你必须通过巧妙地运用你所拥有的一切，而在某一次决定性的地点，创造出一种相对的优势来。"只有集中力量以获得一个地方上的优势，在一条较窄的战线上发动进攻，才能真正运用好实力原则。那些试图从许多产品，在一条广阔的战线上通过在所有方面的迅猛进攻，尽快攻占更多市场的营销人员，必然在长期的竞争中，失去他们所得到的一切，且失去的会更多。

例如，艾维斯（Avis）公司的广告过去常说："租用艾维斯的汽车吧，我们的计程器所显示出来的路程更短"。这一战略，除了争取过来的一些顾客外，它最为有力的，是预见到了赫兹（Hertz）公司会怎样来反击它。作为一个最大的出租汽车公司，作为一个领导企业品牌，这是赫兹的一个内在的弱点。同样，近些年来，美国汽车公司所享受的唯一成功，是它的"消费者保持计划"，这是针对通用汽车公司推销员的糟糕的服务名声，而发起的一场进攻。像赫兹一样，通用汽车公司也是其自己的成功经历的受害者：一个推销员在他的展览室的前厅里销售的汽车越多，他在售后服务方面存在的问题也会越多。

又如，美国广播广告局（the Radio Adver—tising Bureau）在广告媒介中，谁处于领导地位？答案无疑是电视。电视不仅每年可以卖出价值180亿美元的广告时间，且它在大多数买主的心目中也占据着主导地位。那么电视到底强在哪里？可能是因为它所能达到的范围所致。像超级竞技场（Super bowl）节目，它的一次播出能够覆盖60％的美国人家庭中。反过来问，电视的弱点又何在呢？仔细分析一下，可以发现覆盖所有家庭中的费用是十分昂贵的。在超级竞技场节目中做一分钟广告，现在的价格超过了100万美元，且这个价格还保持着上升的势头。第二次世界大战中，美国政府每分钟要支出9 000美元，越南战争中它每分钟的费用是2.2万美元，但是，今天在超级竞技场节目上做一分钟广告，它就要花掉你100万美元！战争是昂贵的，但市场营销更不是省油的灯。因此，广播广告局在其广告中以一显著的通栏标题问道："你怎样才能从因电视广告要花费巨额费用所造成的痛苦中解脱出来呢？"并给出其答案是"收音机能帮助你做到这一点"。每一个人都知道广播广告是便宜的，但是，归根结底，对低价的收音机广告的需求，是与巨额的电视广告费用联系在一起的。

市场营销战是一种智力上的竞争，其战场存在于人们的意识中，所有的进攻活动都应是直指目标的。要记住，你的大炮不是别的，而是一些文字、图像和声音。

为何看到大"M"就想起了麦当劳？
——品牌形象论

企业和个人一样，品牌也是有形象的。品牌形象不等同于品牌的标识。品牌的标识包括品牌的名字、商标、图案等。从其表现形式来讲，可将品牌形象分为外在形象和内在形象。品牌的外在形象主要包括品牌的名字、标志、图案等，这就好比是男女朋友在第一次见面时，最先注意的便是对方的外在形象。所以品牌形象是使消费者快速认识品牌的有效途径，当看到"M"便会使人联想到世界快餐巨头——麦当劳，看到CocaCola，就会想到可口可乐，想到冰爽的感觉。

一个没有文化修养的人就算长得再好看，穿得再高档，也不会受人尊敬。品牌的内在形象主要指品牌的文化，品牌的建立要以文化为基础。通常我们所说的企业文化是对企业经营理念、价值观等企业行为的体现。

一个知名品牌也要具有相当深厚的文化内涵，以我国家电产业的主力军海尔集团来说，其品牌可谓众所周知，这不仅仅是因为其外在形象的独特性，同时有赖于其对自身品牌文化的宣传，"真诚到永远"及"24小时服务"等企业文化已坚实地构筑了品牌的内在形象，并深入人心；再如我国IT行业中，联想可以说是龙头老大，虽然其外在形象不是很引人注意，但它却以一句"人类失去联想，世界将会怎样"的广告语，奠定了其在科技领域的地位。

如果将品牌的外在形象说成是有形的部分，那么品牌的内在形象就是无形的，而正是品牌形象无形的部分，才是最主要的，它使得品牌形象能够有效地传播，引起受众的共鸣以致最终接受，并成为该品牌的忠实消费者，使之产生重复购买的行为。

品牌形象并不是随随便便塑造出来的，需要经过一定的程序和规则，才能树立有利于品牌传播的品牌形象。

首先，应先做好市场调研。

没有调查就没有发言权，同样市场调研是树立品牌形象的不可缺少的一步，品牌形象的塑造并非轻而易举之事，亦非闭门造车所能做出的。必须要进行市场调查，以掌握第一手的资料，对其进行形象定位。

其次，正确分析调查结果，选择准确的品牌形象策略。

品牌形象策略主要有定势策略、强化策略和迁移策略，不同的品牌在不同的时期所选择的品牌形象策略也是有所不同的。

再次，对已确定的品牌形象策略的品牌进行形象设计。

品牌形象设计也是一项系统工程，包括产品的设计、商标设计、价格设计、包装设计及服务设计等，且一定要符合品牌的形象策略。

最后，品牌形象的传播。

任何一个品牌的成长过程都离不开传播，对品牌进行合理的定位及形象塑造，最终是要将品牌通过电视、报纸、杂志等媒体或其他渠道传达给消费者，使之最终成为众人皆知、家喻户晓的知名品牌。甚至在成为知名品牌以后还要不断地对其品牌进行传播，从每天各品牌不断变化的电视广告就可窥一斑。

品牌形象的传播并不是一蹴而就之事，而是一个不断循环往复的过程，需要在实际运营中不断地对其加以充实和修正，使之能够更加完善。

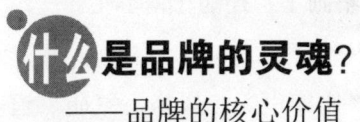是品牌的灵魂？
——品牌的核心价值

所谓的品牌核心价值，就是整个品牌的灵魂，它是统帅企业所有品牌活动的纲领、中心、宗旨，是品牌资产的主体与立足点，是品牌战略规划的方针，它让顾客方便，明确、清晰地识别品牌的利益点与个性，并让其产生认同、喜爱、购买、联想、赞美。它是与核心竞争力相挂钩的，企业凭借核心价值来实现核心竞争力。

品牌核心价值的图谱，从消费者的角度，品牌核心价值可以分成五大利益板块。

1. 功能物理利益

消费者能够体验到你这个产品的物理属性，使用价值，这是最基本的体验。更进一步的是指品牌给予目标消费群体，所传达的物质层面的价值，也就是物理、物质性属性。比如说消费者为什么买电脑，286，386，486也好，这个东西买了肯定是能用的，不是玩虚的，第一是物理属性。为什么买联想电脑呢？它是国际品牌，他的技术比较先进，他的服务比较到位等等。

2. 社会性利益

品牌能给予消费者社会方面的认同，比如流行生活的品位地位等。

3. 情感利益

与情感有关的利益认同，比如友谊，关怀，快乐，浪漫。为什么去吃麦当劳？因为麦当劳里面很多小孩可以玩的设施，有很多家长到了麦当劳以后没办法，把小孩往那里一放，小孩也不哭不闹了，还能尽情享受。

4. 文化利益

消费者对品牌所代表的文化风格的认同，比如审美、风格、气质、道德、家庭等。

5. 心理价值体系

消费者自我价值的心理体验，在这儿能找到与消费者自我价值的心理共鸣点。有的时候消费者对企业的品牌也认可，他也记住企业了，但还是打不动他的心，因为消费者没有找到与他的共鸣点，没有触动消费者购买利益。

品牌核心价值这么重要，我们如何找到它，把它打造品牌核心？

1. 灵魂论

核心价值是品牌战略的灵魂，是品牌价值系统当中最核心的东西，它是统率全军的纲领。

2. 消费者中心论

核心价值不是企业自有的，它根植于消费者的心智与脑海之中。必须站在消费者的角度来定位品牌的个性与利益诉求。消费者是上帝，又好似恋爱对象，只有真诚地爱对方，彼此共融，志同道合，才能进入对象的内心世界。

3. 品牌综合提炼论

品牌的核心价值是从哪里来的呢？是通过实践提炼，实践提炼再综合出来的。如果我们的核心价值用 $P = X + Y + Z$ 来表达，则 X 代表消费者利益认同，Y 代表企业产品本题特征，Z 代表竞争对手、历史和环境的综合变量。有的核心价值没有提炼出来，广告打了很多，最后消费者都没明白，不但造成广告费用的巨大浪费，而且也没有促进消费者的购买。

4. 个性论

品牌核心价值要让消费者来识别，认知，体验，必须要有鲜明的个性化的形象，与竞争对象形成差异化的定位。

5. 共振论

品牌核心价值，就是要找到企业与消费者利益的共鸣点，形象的共振点，品牌精神的频率与顾客的心智频率。

6. 包容论

提炼品牌核心价值要有超一流的战略前瞻性和包容性，它是战略规划，而不是战略策划，他要管长远，十年不变，甚至百年不变，预埋好以后能进行品牌延伸的管线。因此社会性、精神性、情感性、心理性利益诉求多汇于功能、物理性利益诉求。

7. 超值论

它是指品牌的溢价能力，在品牌提炼时比竞争对手在功能、服务、原料、工艺等上加大品牌的利益空间。例如现在一双名牌皮鞋，成本价10元，但是有了情感空间，有了利益空间，有了品牌价值进去以后，变成1000元了，这就是品牌的溢价能力。

8. 持久论

品牌核心价值跟一般的广告诉求不一样，品牌核心价值是不可朝令夕改的。

9. 锤炼论

品牌核心价值确立后，并不是万事大吉了，它需要到市场中、生活中、大风大浪中去战斗、搏击、锻炼，这样其结合力、冲击力、感召力、渗透力、个性力、扩张力、驱动力才会越来越强。

我国某著名手机商，巨资请韩国女影星做广告，制造许多争议来炒作，同时大力宣传手机有多高贵，有多么好，强调售后服务有多完善等，迅速树立了该品牌的核心价值。但是在实际生产和销售中并没有体现其与品牌形象相对应的质量。也就是说他们是说一套做一套，用大量的人力物力买来了"金杯"，却在实际经营中失去了客户"口碑"，他的传播虽然短期促进了营销，却在长远上抑制了营销，最终浪费了企业资源。

不做品牌的"无印良品"为何成了大品牌？

——反品牌竞争

1980年年初，日本正弥漫着重视品牌与修饰性的设计风潮，这引发了另一股反品牌反体制的力量，无印良品的命名者慧眼独具地选中了"无印良品"这个名称。"无印"可以引申为"无品牌"，取其包装简单、不拘泥于品牌的特质；"良品"则是意指"好东西"，是对其所开发商品品质的承诺。

如今，这个创业至今才30年的年轻品牌，获选为"世界100大品牌"，甚至排名还在时尚盟主Gucci与百年精品老店Hermes之前。应该说无印良品的成功，绝非偶然，归纳起来有以下三个关键因素：

倾听生活者的声音、鼓励生活者参与。从创业之初，无印良品每个月都进行消费者访谈与消费者情况调查，然后将收集的意见和概念商品化。无印良品的设计师们，经常深入生活，收集消费者意见以了解消费者对日常用品的需求。

此外，日本无印良品每年还举办MUJI奖，一方面通过这个奖项挖掘消费者的需求；另一方面可让消费者感觉到自己也参与品牌商品的开发过程。

明确的细分市场与产品定位。无印良品起源于超市，原本希冀创造出简单素雅、价格便宜的商品，但后来却成为崇尚自然、强调简单的品牌，这种转变缘于上班族、学生对其的喜爱。这群顾客不那么热衷名牌，也不喜欢低价产品。于是，无印良品适时地不断提供价格合理，却又能让顾客享受品质与品位的生活用品，满足他们的日常需求。

成功的品牌、命名、广告与促销活动。无印良品并不采用一般商品／服务的销售手法，通过广告将意义附加在所销售的商品或服务上，而是很聪明地只给予了"空"的意象，以"没有符号"就是符号的对立概念，让生活者自行附加意义，于是"无印良品"四个字不只是品牌，也是广告与营销传播活动的最佳主题。

所谓反品牌竞争就是不按照品牌竞争的方式进行的营销竞争，在策略原则上颠覆一贯的品牌管理思想，出奇制胜地占领市场。正如上例所揭示的经营方法，不拘泥于常规的品牌营销手法而获得市场的认可。

品牌有各种各样的反竞争，如定位反竞争，形象反竞争，策划反竞争，传播反竞争，公关反竞争，营销反竞争，亚品牌反竞争，管理反竞争，营销反竞争，网络反竞争等。日本有的企业有情报部，专门收集竞争对手在哪里。另外按照品牌硬件划分，有产品反竞争，技术反竞争，体制反竞争，人才反竞争。

在进行反品牌竞争的时候，就要找到谁是最主要的竞争者，主竞争模型，在反品牌竞争中，有主竞争者、次竞争者、亚竞争者。主竞争者中，下面几个类型，我们是要重点研究的。

第一，相同行业及其产品形式相近，产品形式差不多，工艺、包装基本上都差不多，性能也差不多的竞争对手。

第二，生产规模较为接近，因为生产经营规模相距甚远，彼此构不成竞争对手。

第三，消费者目标群体比较相同，实际上消费者是营销的起点也是终点，同样也是品牌的逻辑起点与立足点，相同的目标客户，相同的终点、立足点、制高点的争夺战，其竞争无法避免。

第四，次品牌、次竞争模型和亚竞争模型。亚竞争方式千姿百态，有时候，同一行业的不同产品、不同愿望、不同款式、不同定位、不同价格、不同通路、不同规模，甚至风马牛不相及的，也能跟你的产品展开竞争。有时候不同款式，不同价格，为了争夺共同的消费者，也会发起进攻，这就是亚竞争模型。

我们研究反竞争的要素分析，我们要研究竞争者难在哪里，这里有一个黄金分割原理，也叫三七规律。这是什么规律呢？一般地讲，你要研究市场占有率最大的前十家公司，这是一个规律。然后呢，跟你竞争规模差不多、目标市场相近的公司，这是你的主要竞争对手，要研究他的主要特点。对于每个企业来讲，我们要研究对手的规模、厂房、设备、员工数、生产能力，这个看起来跟品牌没关的，对手资金实力、生产流动资金、各种应收款、银行借款、资金运作，发展战略、人力资源、生产能力、营销方式及营销等级，包括营销战略、价格、渠道、终端，对手的新产品、新技术，对手的品牌战略，包括定位、核心价值、个性、形象，对手的传播及公关策略，包括广告制作、事件营销等，对手的老板风格及企业文化。当然，非常详细的分析也很困难，能知道得越多越好，越清晰越好，这样才能知己知彼，百战不殆，有的放矢。当然你也不要将所有的竞争对手都研究，那显得劳民伤财。

如何获得品牌的持久竞争力？

——品牌再造

品牌再造是指企业从品牌战略的高度对已有的品牌进行调研分析、重新评估和重新定位，通过品牌创新，最终获得品牌的持久竞争力的一系列的过程。

目前，有很多企业只注重品牌初期的塑造和建立，而不注重后期的品牌再造，结果是辛苦创立的品牌总是停留在一个较低的层次上，没能提升，以至于最终丧失品牌的竞争力。所以，品牌再造的提出具有很强的现实意义。

如何实施品牌再造呢？

一是更换原有品牌

品牌的更换具有很大的风险性，企业一般不采用这一策略，因为，品牌已经在顾客的心目中产生了一定的影响。但如果企业品牌价值、品牌的市场份额、顾客对品牌的重复购买率都在降低，企业就要分析原因，考虑更换品牌的可能性了。

二是采用单一品牌

顾客总是希望自己消费的是全新的东西，但企业为了避免更换品牌产生的风险，可以采取两个策略：一是以单品牌为主多品牌为辅的策略；二是直接采用多品牌策略。

三是采用国际化品牌

将现有品牌国际化，而开展品牌国际化首先就要在标识上有国际化的观念。

四是品牌设计要符合时代的要求

品牌是由一系列的文字、图案、符号等组成的，随着时代的发展和进步，品牌的设计必须不断创新，跟上时代，具有新颖、美观、简洁的特征。

洗发水是金×日化的主打产品，就产品本身而言，质量与其他竞争对手没有很大的差别，没有更多的新奇点，按照现在洗发水的品牌推广和卖点的提炼方法，更没有什么优势可寻了。金×日化一个中低档产品，要想在竞争激烈的市场中跳出，只靠低价是不可能挽救金×日化的现状的，他们要做的，是把产品之外的能够带来丰厚利益的关键点找寻出来传播给消费者。

世纪经纶公司接手金×日化这个客户时，金×日化产品的销售额急剧下滑，市场非常混乱。公司的领导也非常困惑，金×日化决定牵手世纪经纶，帮助解决面临的问题，共同打造金×日化品牌。世纪经纶根据严密的市场研究，发现了金×日化的市场问题，经过一个多月的强力奋战，终于完成了金×日化的品牌再造。由原来的"金×日化"品牌改造为风情万种的——"依兰丝"，由低档次走向中高档次，确定了产品的独特卖点——"头发的华尔兹"，实现了由丑小鸭到小天鹅的蜕变。

实施品牌再造，要注意以下几点。

一是品牌再造不能生搬硬套。

品牌再造是一项系统工程，要根据企业自身的情况量身定做，绝不能生搬硬套。为了了解品牌再造的效果，可以借助于客户关系管理系统来对品牌进行评估，从而达到通过品牌再造来提高企业核心竞争力的目的。

二是品牌的再造是一个长期的过程。

品牌再造如果只看到眼前的利益，必然走不长远。正确的品牌再造策

略需要有一定的延续性，应该被视为一项战略计划来系统考虑，必须做到长久地坚持。品牌的每一次成功运作只是万里长征走完第一步，而强势品牌的建立更是一个长期积累的过程。

如何 推出全球化的品牌占领世界市场？

——品牌全球化

品牌全球化是企业在进行跨国生产经营的活动中推出全球化的品牌，并占领世界市场的营销过程。也就是说，企业在全球性的营销活动中，不仅利用本国的资源条件和市场，还利用国外的资源和市场，进行跨国经营，即在国外投资、生产、组织和策划国际市场营销活动，达到树立自己的品牌形象、实现全球化的目标。

品牌全球化具有以下优势。

一是在全球行业范围内的领导优势。全球化的品牌意味着拥有潜在的市场，广阔的顾客群和良好的市场形象。

二是很强的品牌亲和力。很强的品牌亲和力容易让人感受到该品牌雄厚的实力。随着顾客出国旅行日渐频繁，全球化品牌在获得品牌认知度方面的优势也就越大，广告对跨国游客有很大的影响。新闻媒体和互联网的传播范围已覆盖了全世界各个国家，正因为这一点，全球性品牌可以获得更大的展示空间。

三是有益的品牌联想。"全球化"这一概念就表现出产品的竞争力。

全球化的品牌，在世界各国已建立了良好的品牌形象，有较高的知名度，有一批忠实的顾客群，已有品牌的忠诚度和信誉度，很容易引发许多有益的品牌联想，增强其购买欲望。

四是具有规模效益，能降低成本。随着世界经济一体化的逐步加深，各国之间的贸易壁垒逐步减小，促进了资本、技术的进一步流通。由此，世界性经营范围带来规模经济效益——在许多行业，这被认为是获得竞争力的决定性因素。全球化品牌策略使得广告、促销、包装以及品牌的其他方面的设计宣传获得规模效益。

五是具备技术、机制与营销方法的创新优势。技术永远是一个企业赖以生存和发展的必要条件。超前的技术，能使企业获取核心创新能力，拥有核心技术的自主权，在同行业中保持技术上的领先地位，而这是企业核心竞争力提高的标志。具有全球化品牌的企业不仅要有技术上的创新，还要有机制和品牌营销上的创新。在技术不断创新的同时，还应有机制和营销方法的创新。没有创新，企业就不能在市场竞争中具有持久的生命力。但是，这创意的源泉必须能使消费者产生联想，带来实际的利益，赢得消费者的认同及有助于企业目标的实现。

六是拥有较高的市场份额。由于上述的优势，全球性品牌无论是在区域性市场，还是在全球市场都具有较大的市场覆盖面，有较大规模的销售额和市场份额。

万宝路香烟，其广告主题根据各地市场环境，随机应变，在全球有二十种不同配方以满足消费者口味。广告宣传的侧重点放在"美国销量第一"这一信息上，并以"万宝路给您一个多彩多姿、包罗万象的动感生活"为广告标准语。20世纪70年代，万宝路广告开始向香港拓展。香港人对其优美的情景和音乐虽然持欣赏态度，但对于终日策马牧牛的牛仔形象却没有什么好感，因为在香港人心目中，牛仔是低下劳工，在感情上格格不入。这时，万宝路的广告魔术师般地改变了香港人对牛仔的看法，香港电视上出现的不再是美国西部文身的牛仔，而是年轻、洒脱，在事业上有所成就的牧场主；在日本，它的广告则是一个日本牧民，在没有现代化技术的情况下征服自然界，过着田园般的生活；而在中国，万宝路广告展现了山丘、树林、海滨、沙滩，在优美的音乐声中伴随着出现一幅幅豪迈策马纵横的画面，在这个场面中，每个人可以去联想，去创造一个自己心目中的"万宝路世界"。

与之相似的是，中国青岛啤酒集团在开拓国际市场当中，对于销往不同国家和地区的产品，在保持明显青岛啤酒特征的前提下，根据当地的特色和风土人情，在包装的颜色、图案组合及产品规格等方面，尽量满足当地消费者需求，找到了最好的最能引起消费者认同的包装形式，这样，包装的形式既具有了统一性，又具有了多样性。产品形象是品牌情感性利益的一个主要表现。在多元价值形态下，人们越来越重视感觉消费，注重将酒文化溶入品牌的宣传和推广中，使人们的品位得到提升。给顾客的定位是畅饮青岛啤酒，领略世界级品牌所带来的超爽感觉是人生一大享受。1999年品牌价值提升为48.63亿美元。青岛啤酒已成为该行业内国内外知名度和美誉度最高的中国名牌之一。

企业要制定品牌全球化的战略，有以下要点：

一是广告诉求形式多元化。在面向全球市场的营销活动中，将全球策略细分成各个小区域范围内的策略，注重与当地文化的交流与沟通，这样易被当地消费者所接受，使得全球化战略相对较易实施。

二是促销全球化。产品在全球推广过程中，由于科学技术的日新月异，新产品的不断出现，使得产品市场生命周期缩短和产品差异化减少，消费者需求共性增加，特别是21世纪品牌营销虚拟化时代的到来，为扩张全球化品牌战略带来了机遇和挑战，它打破了传统的地域营销、广告促销和有形购物的概念，将品牌推广放置到一个虚拟的没有国界的网络空间中，这样，全世界的网上客户都可以直观、便捷地了解企业的产品和服务。同时，企业还可以更为直接地从顾客那里获得信息反馈，把握第一手资料，调整发展战略。

三是生产基地的无国界化，人才的本土化和社会贡献当地化。企业在实施品牌全球化的过程中，不仅要拥有当地较高的市场份额，还要建立品牌忠诚度和美誉度，注重使用当地资源，积极为社会作出贡献。企业可以通过聘用当地人才，提高原材料的本地化程度，为当地带来税收收入、解决就业、提高经营管理水平和造就人才。这种战略方式的不断深入，正是跨国公司全球品牌化经营的成功所在。

品牌全球化成长的道路是艰辛和漫长的，只有企业成为国际化企业，拥有国际销售网络和一流的国际服务营销体系，才能为全球化品牌的成长铺平道路。

如何研究品牌的阻力？
——阻品牌

反品牌主要是针对竞争对手的，实际上品牌还要涉及自己内部战略系数，那就是阻品牌。应当看到全世界没有阻力也是不行的，但是有的时候，比如说，有许多品牌战略非常好，但是企业老总的意见不一样，这个品牌战略没有实施，这个企业就失去了机会。所以阻品牌当中，有很多的阻力，如决策阻力、认知阻力、部门的阻力（如品牌要花钱，财务部就有意见）、技术阻力、心理阻力、体制阻力、资金阻力、老板阻力、质量阻力、文化阻力、管理阻力等等。

国内许多国有企业当中，很多没有广告意识、品牌意识。这些阻力都会阻碍品牌的成长。

一般地讲，对于品牌价值，每天都在受影响，张瑞敏曾说过，他感到每天都有无形的拳向他打来，这个无形的拳有国外的拳头，竞争对手的拳头，还有内部阻力的拳头。在这里我们可以分成内部阻力，自然阻力，自然老化，外部阻力，社会阻力，这些对于品牌价值成长都是不利的。

我们除了研究品牌正向的力量以外，还要研究品牌的阻力。有的时候关起门来天天整顿反而不好，而当有一个强大的目标导入了以后，把阻力推开，很多阻力也不起作用了，就像一颗原子弹一样，原子弹一爆炸，产生强大的冲击波、冲击力、震撼力、核辐射、核冲击，产生余波，把阻力化解了。

所以说企业应该不断导入强大的动力，给员工不断地信心，不断地加速度。在营销当中，品牌的运营当中，克服阻力最好的办法，就是不断地前进。进攻是最好的手段，品牌攻击力，品牌开拓力，品牌核动力是克服内部阻力最好的力量，最好的一帖兴奋剂。如果品牌阻力不克服的话，由于品牌的阻力系数，也会使你的品牌大打折扣，这就是品牌阻力。

如何建立品牌与消费者的亲切关系？
——品牌检验论

大家都知道，当工厂生产出来的商品差异性越来越小时，顾客就会透过对品牌的认知，进行购买决策。商品是工厂的产出结果，顾客认知才是品牌价值所在。

尤其当市场竞争越趋激烈，行销人员越来越相信利润与品牌的价值成正比，唯有巩固品牌的忠诚客户才能掌握成功的钥匙的。

因此，我们引进一个名词来形容企业与消费者这种关系——品牌检验。品牌检验就是寻找与品牌相关的语言和元素，并开始收集资料，以培养企业对市场的洞察力，并及时能了解产品及其与消费者的关系。品牌检验也可以看成是消费者对品牌产品的综合认知，即把情感、印象、联系、意见、记忆中的闪光点、期望、满意，以及批评和失望，不管正面还是反面的，这些无形的因素统统融合在一起，从而形成关于品牌的消费者认知。

品牌检验被设计成用词语描绘用户生活中关于品牌的实际经验，以精心设计的问卷方式检验消费者与品牌的关系，探讨具体与抽象的资料，最好是做消费者研究。每个团队成员应该把自己的知识沉浸在所有有效的消费者研究中去。

品牌检验应该以消费者的观点来回答，所以在准备回答问题时，必须同时唤起你的关于品牌和消费者的知识、经验与理解，作为你开始对品牌检验问题的反应……你要以品牌的一个普通用户的心智来考虑。

"无论是一大步，还是一小步，总是带动世界的脚步。"这是美国IBM公司在北京繁华地区的巨幅广告，让人不知不觉地联想到阿姆斯特朗在踏上月球时脱口而出的一句名言："为个人走了一小步，为人类跨了一大步！"

显然，IBM为自己的计算机曾被大量用于美国阿波罗登月计划之中而倍感自豪！

虽然IBM的知名度一向很高，并且在过去给人以稳固、安全、可靠的感觉，然而人们认为IBM机构庞大、反应缓慢，在研究开发方面不如他人，缺乏新品牌迷人的产品特征，以至于顾客对品牌的特性与将来发展的方向感到困惑。虽然这些印象并非事实，但IBM确实在失去其消费者。针对IBM客户、广告代理商、消费者调查得出的品牌检验结果表明，"你无法和IBM一同欢笑"，"IBM只会与你的主管讨论，除此以外，别人都不重要"。但同时也发现：IBM是值得依赖、具有良好品格与崇高道德的公司；以提供满足顾客的各项服务与支援为目标；是孕育现今信息技术的摇篮；与其他企业相比较，IBM在基层和新兴资讯科技的发展上投注更多的资源，并拥有更多的专利权。

"宝马"被称为核心资产，可驾驭的动力，驾驭脱缰野马般的激情和优越感，完美的融合的感受，充满内在力量和激情的轿车。"宝马"是超级驾驶机器，充满男子汉气概，没有丝毫的笨重和古板。"宝马"的内涵是秩序与和谐；它是精密准确的汽车。能够拥有"宝马"是对车主成功的地位的肯定，因为并非每个人都可以享受这份荣誉，这一点从来不会公开宣扬，每位"宝马"车主都知道这一点。"宝马"公司通过无数次的品牌检验做到了这一点。

1994年耐克推出休闲鞋销售额损失惨重，令"耐克"形象受损。从"耐克"吸取的教训是：消费者认为你所提供的是出众的产品，而不是任何品牌都可以做到的产品。这时，品牌检验就显得尤为重要了。

从上面的例子我们可以看出，要建立与消费者的亲切关系，使品牌与消费者达到纳米级的零距离，那么一个产品就可以自然而然地转换为一个品牌。

我们通过品牌检验，可以思考那些可以激发联想起这个品牌形象的具体事情，当听到这个品牌时，什么东西最先跃入你的脑海：视觉或印象？包装或者产品元素？一点广告的印象？符号标记？上述内容导致人们想起这个品牌的特点，思考这个品牌在你心中产生的感觉与共鸣—— 使用这个品牌时，你心中有什么特别的感觉与情绪？使用这个品牌让你如何看待自己？对这个品牌的情绪？使用这个品牌与使用主要竞争品牌的心情和感受有什么不同？等等。

有理由相信：一个企业如果能不断地进行品牌检验，建立起和消费者的亲切关系，那么这个品牌就会被消费者认同并接受。

为什么可口可乐也销售咖啡？
——品牌延伸

世界上第一瓶可口可乐于1886年诞生在美国，距今已经有113年的历史。这种神奇的饮料以它不可抗拒的魅力征服了全世界数以亿计的消费者，成为"世界饮料之王"，甚至曾享有"饮料日不落帝国"的美誉。但在今天，随着人们对形体和健康的重视，这种昔日被无数消费者狂热追捧的碳酸饮料面临着巨大的压力。据英国最新的一项调查显示，麦当劳、可口可乐等著名品牌入选英国消费者心中十大最不讲道德的品牌。长期以来，碳酸饮料被视为"垃圾食品"，是造成肥胖的主要原因之一。如今，只要对消费者的健康有损害，就是最大的罪过，就会给企业带来一浪高过一浪的危机，即使再做危机公关，也无法恢复当初如日中天的地位了。

面对这种艰巨的挑战，可口可乐公司开始调整自己的策略，在非碳酸饮料市场加快了拓展的脚步。据报道，可口可乐在加拿大温哥华的约克维尔区租下了4 000平方英尺的店铺，准备运营其第一家咖啡店，出售咖啡类产品并设有热咖啡饮料专柜。可口可乐使自己的品牌向咖啡延伸，引起了众多议论。我们认为，可口可乐的这种延伸对于其品牌的发展，未尝不是一件好事。

所谓品牌延伸，就是指一个品牌从原有的产品或服务延伸到新的产品或服务上，多项产品或服务共享同一品牌，也就是指借用现有品牌在某一行业的市场上已经形成的知名度和美誉度，向相关行业或跨行业的产品或服务上进行品牌移植，目的是借用现有品牌的良好形象和广大消费者对该品牌的认可，去带动同一品牌下的其他类产品的销售。

品牌在同一领域内的延伸有两种方式：向上延伸和向下延伸。

向上延伸就是把原先定位在低档产品市场的品牌延伸到高档产品市场上；向下延伸正好相反。

品牌延伸最终成功与否是由消费者决定的，所以企业在品牌延伸前必须要充分考虑消费者的接受能力和认可程度。一般来说，消费者对延伸品牌的认可主要取决于以下两个方面：

一是消费者的品牌忠诚度。通常情况下，那些品牌形象良好，国际化程度高的企业，其延伸品牌的分量会重一些，消费者对企业采取的品牌延伸行为也会表现出更宽容的态度。

二是消费者对企业生产延伸产品的能力的判定。品牌延伸后，消费者会对延伸产品的特性、工艺、以致管理能力与原品牌的特点进行比较，作出评价，如果评价是合理的，消费者就可能会接受延伸产品；否则就会拒绝。

公司进行品牌延伸的市场目的主要有以下几种。

1. 扩大市场面，占领更多细分市场，为企业提供新的市场机遇

一个企业做市场营销首先就要进行市场细分，再在细分的基础上选定与公司资源最匹配的目标市场进入，并在该市场上站稳脚跟。俗话说："吃着碗里的，看着锅里的"，不可否认其他市场同样有利可图，为了进入这些新市场，可以采取品牌延伸策略。比如万宝路我们知道它是一个世界驰名的香烟品牌，但随着其品牌的壮大和发展，它又延伸到万宝路牛仔，并获得大成功；可口可乐的延伸也属于这一类。

2. 防止顾客流失

随着社会的不断发展，人的需求也变得越来越与众不同，并且需求翻新的速度也越来越快，不同时期和不同心境下，顾客对品牌的需要也不相同。因此，如果一个公司只是一个品牌一种产品，那么顾客就可能会流失。为了防止顾客的流失，公司通过品牌延伸方式提供多种不同功用和形象的产品。

如广州宝洁有限公司的"飘柔"、"潘婷"、"海飞丝"三种品牌均又在其中细分为"秀发、营养、去屑、止痒"等几个品种，从而有效促进了产品的销售，使其销售额排名连年位居全国前三位；还有万宝路针对市场新的发展趋势推出了淡型、超淡型、薄荷型等系列包装的产品。

3. 公司市场战略调整或转移

品牌延伸的另一个市场目的是实现公司市场的战略转移。无论积极的品牌延伸，还是消极的品牌延伸都能起到这样的作用。

如娃哈哈公司，从娃哈哈营养液——一种儿童保健品起家，逐渐延伸到儿童饮料娃哈哈果奶，再到娃哈哈八宝粥、纯净水等。

品牌延伸作为一种商业手段，其本身并没有好坏之分，而只有适不适合特定企业、特定市场的问题。

艾·里斯曾经忠告："品牌延伸是橡皮筋，你越伸展一个名称，它也就会变得越脆弱。"所以品牌延伸须慎行，需要进行理性的考虑，这也是企业在推进品牌延伸战略时应该把握的一个宏观上的认识。

在品牌延伸中，品牌核心价值决定了品牌延伸的最大范围。如果具有相同的核心价值，即使是在类别差异甚大、属性各不相同的产品之间也可以进行延伸，反之亦然。

海尔一直是"中国家电业第一品牌"的形象，在品牌延伸中由家电延伸到医药,与原有品牌的核心价值相差甚远,消费者自然难以将"海尔"与"药"联系起来。

今天可口可乐的核心价值是"活力、奔放、激情的感觉和精神状态",虽然可口可乐每年的宣传主题时有变化,但是品牌核心价值从未改变过。今天可口可乐从碳酸饮料延伸到咖啡,其还是在饮料市场,且咖啡也可体现其核心的价值,"一种激情的感觉和精神状态",所以说它的这种延伸并未脱离延伸的规则,只要在其咖啡的品牌定位上能保留其原来的核心价值,就是一种成功的延伸。

往往高质量的品牌容易完成原品牌和延伸品牌的对接,但也不是尽然如此,两者之间的对接应该注意首先解决三个问题。

1.把原品牌积极的有利的构成要素转移到新产品之中

比如"娃哈哈"品牌在"绿豆沙"、"红豆沙"、"纯净水"、"八宝粥"等产品中的延伸,在顾客心目中形成了"娃哈哈绿豆沙"、"娃哈哈八宝粥"等清晰的食品印象,获得了较好的延伸效应。

2.原品牌的负面影响不要传递到新品牌中

3.品牌延伸过程中,防止新品牌模糊原有品牌形象

以五粮液为例,五粮液从1994年开始品牌延伸,现已延伸出了五粮春、五粮醇、五福液、金六福、六和醇、蜀粮春、铁哥们、干一杯、四海春、京酒、浏阳河等百余个品牌。但百余个品牌,绝大多数处于成长期,都需要"五粮液"这个母品牌的形象支持,"五粮液"已经不胜其累,品牌资产被严重透支。在消费者心目中"五粮液"的品牌形象便模糊了。

品牌延伸是当前知名企业常用的发展战略,它通常有助于充分利用品牌的价值,降低企业扩张的成本。但品牌延伸也是一柄锋利的"双刃剑",如果使用不当,将造成品牌定位的模糊,丧失品牌的意义,因而须慎重使用。确实有一些曾经风光无限的名牌就像是流行歌曲一般,流行期过了,就香消玉殒一般无影无踪了。

怎样保持品牌管理的弹性和适应性?
——品牌模块化管理

如果公司经营多种产品，或者一种品牌有多个产品线，或者要在世界各地面对需求各异的消费者，那么你怎样保持品牌管理的弹性和适应性呢? 模块化营销管理给了你一个可供选择的思路。

模块化营销是指企业将自己的品牌分成若干模块，并把这些模块分为"不可或缺模块"（即在任何条件下都必须遵守的规则）和"可选择模块"（即可根据实际情况灵活变通操作方法）。然后根据不同的市场需求、文化传统、消费观念、风俗习惯，实施"可选择模块"与"不可或缺模块"之间有效的组合，达到兼顾不同消费者的需求，赢得更多消费者青睐的目的。通过模块化营销，既保证了企业品牌核心部分的稳定性，同时又促进了产品在外围的兼容性。

模块营销的特点是在营销中不轻易放弃任何一个顾客，并最大化地迎合消费者多样化的需求，使同一产品在不同市场上能在保持共性的前提下发挥个性。

模块营销的特点如下。

1. 不影响统一的品牌形象

模块组合之间并非散兵游勇的关系，它们是在企业统一品牌战略指导下进行的，企业各模块即各业务部门，都是在统一品牌战略指导下灵活运作于各自的市场，努力满足各模块市场消费者的需求，他们其实都是企业总体的一部分，都在为推销企业产品、宣传统一品牌的形象而努力。

2. 是整合营销的创新

模块组合营销与整合营销并不矛盾，它只不过是更进一层，强调对营销的具体模块进行分析，并根据市场的消费需求进行适当的调整，准确把握并满足消费者，同时又坚持整合的原则，以期获得最大的整合效益。

3. 不否定集团化

模块组合并不与企业集团化的规律相悖。20世纪90年代中期以来，在市场竞争日趋激烈的条件下，为了提高抗风险的能力，企业正趋向于进行强强联合、兼并或组建大的企业集团。无论是大企业还是小企业，都同时可以进行模块组合，其与整合营销在增强企业抗风险能力方面殊途同归。

国际著名企业雀巢公司的经营范围很广泛，涉及饮品、麦片、牛奶和营养品、巧克力和糖果、烹饪制品、冷冻食品和冰淇淋、冷藏食品等。雀巢的成功来自多种因素，但模块组合营销战略是其中一个非常重要的因素。

雀巢公司的模块营销主要体现在以下三个重要的文件上，它们的内容涉及公司战略和品牌的营销战略及产品呈现的细节。

指导性文件：标签标准化，即对标签设计组成的各种元素作出了明确的规定。如雀巢咖啡的标识、字体和所使用的颜色以及各个细节相互间的比例关系。这个文件还列出了各种不同产品的标签图例，建议各分公司尽可能早地使用这些标签。

灵活使用的文件：包装设计手册，即提出了使用标准的各种不同方式。例如，包装使用的材料及包装的形式。

最重要的文件：品牌化战略，即包括了雀巢产品的营销原则、背景和战略品牌的主要特性的一些细节。这些主要特性包括：品牌个性，期望形象，与品牌联系的公司，其他两个文件涉及的视觉特征以及品牌使用的开发等。

那么，模块组合营销使雀巢具备了什么样的优势呢？

1. 能够针对市场的需求进行准确的把握和满足

市场的变化体现在市场的划分越来越细和越来越个性化两个方面，企业的盈利机会都是以消费需求为转移的，因此，消费需求的变化必然潜藏商机。雀巢公司在结构和组织上遵循"权限彻底分散"的原则，这也是雀巢公司里的"市场大脑（Market Head）"。它所表达的就是想法要和市场实况连接在一起，采取的行动和手段都力求能合乎当地的需要和诉求。正因为这样，公司产品中仅雀巢咖啡就有100多个品种。各模块（分公司）基于自己的市场具有独立性，但又与其他模块相互联系，共同组成企业的"大块"结构。雀巢公司将其总市场分成各模块市场，每一模块市场由相应模块来负责，从而可以更准确地把握市场动态，最大限度地满足市场需求。

2. 反应迅速、灵活

新经济的黄金法则是"不快则死"，这也是谁都不能违背的规律。在激烈的市场竞争中，取得和利用信息是企业能否完成营销任务的重要条件。市场营销组织的设计应既有利于搜集信息，又有利于针对信息作出快速反应。雀巢公司的模块组合营销恰恰适应了这一要求。各模块具有独立运作于市场的能力，根据其模块市场的变化，在不影响企业总战略的条件下，各模块有权进行适当的调整，采取恰当的策略。

3. 具有较强的抗风险能力

企业日益面临着来自国内外的挑战，竞争日趋激烈。在激烈的市场竞争中，企业要生存发展下去，须具有较强的抗风险能力。现在企业多从竞争对手角度来考虑，进行企业联合、兼并，以加大企业实力和抗风险的能力。而雀巢的模块组合战略是从企业组织角度考虑抗风险能力的一条可选途径。模块组合强调各模块相对独立地运作于各自的市场，根据各自市场来自竞争者、顾客等方面的变化进行调整，而企业其他各部分可以无需调整，从而具有了灵活、应变、抗风险性的特点。

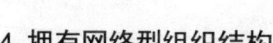

4. 拥有网络型组织结构

一直以来，企业都是按照职能设置部门，按照管理幅度划分管理层，形成了金字塔形的管理组织结构。这种组织结构已越来越不适应信息社会的要求。模块组合把企业的营销部门和经营业务部门划分为多个规模较小的经营业务部门并受总部统一管理。其结果是管理组织结构正在变"扁"变"瘦"，综合性管理部门的地位和作用更加突出，网络型的组织结构形成。传统的层级制组织形式的基本单元是在一定指挥链条上的层级，而网络型组织形式的基本单元是独立的经营单位。

雀巢公司的模块组合营销，造就了网络型组织结构，也使雀巢公司具有了网络化的特点：一是用特殊的市场手段代替行政手段来联络各个经营单位之间及其与公司总部之间的关系。这种特殊的市场手段指的是一种以资本投放为基础的，包含产权转移、人员流动和较为稳定的商品买卖关系在内的全方位的市场关系。二是在组织结构网络的基础上形成了强大的虚拟功能。

现实的生活是，任何一个品牌，都不可能将其竞争局限于某一地区、某一国家，抑或自己划定的某一区域；或同时满足各种肤色、各种语言、各种习俗消费者的需要。更为重要的是，不管受到什么样的挑战，品牌都不能忽视或丢弃其内在核心的东西，失去了这一点，也就失去了牢固的根基，更不用提在国际上的竞争力了。而要想赢得全世界的消费者，又必须要迎合全球消费者的需求，而这种需求又是多样化的。这就提醒我们，进行品牌的模块营销，绝不是像搞拼盘一样，"乱点鸳鸯谱"式地随意进行组合，而是有着其特殊的要求。

要有效地进行"模块化营销"，首先必须要搞清楚两点：

一是品牌的内核。品牌的内核是品牌最鲜明的个性特色，是此品牌而非彼品牌的核力。品牌的内核，也是其征战市场的一面旗帜，它能吸引无数的消费者聚集在这面旗帜下。只有这些被认定为品牌"核力"和"旗帜"的东西，才是品牌中"不可或缺模块"，它在任何一种情况下，都不能放弃。

二是顾客的真正需求。这就要求我们必须要做大量的艰苦细致的调查研究工作，了解民情风俗，研究顾客消费观念，掌握顾客消费心理，从而真正掌握顾客需求，在赋予"不可或缺模块"鲜明的品牌特征下，有的放矢地确定"可选择模块"，这些"可选择模块"要能最大限度地适应、迎合，甚至令当地消费者倾倒，通过不断地消费，使"可选择模块"与"不可选择模块"融为一体，深深地铸入消费者的心田。

第10章

[客户关系课]

如何向较少的顾客销售更多的产品？

——顾客份额

所谓"顾客份额"，就是指一家企业的产品或服务在目标市场顾客群中所占的比重，还可以更形象地称之为顾客的钱袋份额。

传统营销理念的市场份额是将顾客看作没有个性的群体，其着眼点站在企业一边，是"以产品为中心"，而采用"顾客份额"思路的企业则把顾客视为不同的个体对待。因此，以顾客份额为核心的企业可以向较少数量的顾客销售更多的产品或服务，从而更加具有成本效益。

英国有一家叫维珍的公司，业务领域包括：航空旅行、假日服务、音响零售、金融、电台广播甚至可乐。这家公司现在是英国最大的私人企业，旗下拥有200多家大小公司。如果有谁愿意的话，他完全可以这样度过一生：喝着维珍的可乐长大，到维珍百货店去买维珍电台上放过的唱片，去维珍网站看电影，并在网站上交了一个女朋友，和她乘维珍航空公司的飞机去度假，然后由维珍安排一场盛大的婚礼，幸福地消耗掉大量维珍牌安全套，直到最后拿着维珍养老保险进坟墓……维珍公司是扩充顾客份额的典型案例。

顾客份额经营理念的实践可以通过四个紧密相连的步骤来进行：

第一，经理人要通过各种不同的途径收集顾客的资料，"识别"自己的顾客；

　　第二，要对这些顾客进行"区分"，将其按照对于企业的价值贡献分为最有价值顾客、最具增长性顾客以及负值顾客，其中的负值顾客就是只会消耗企业资源而不能给企业带来任何价值的顾客；

　　第三，经理人要与顾客进行"互动"，深入了解最有价值顾客和最具增长性顾客的需求；

　　第四，通过"定制"来满足顾客的实际需求。简而言之，就是保持最有价值顾客，尽力将最具增长性顾客转化为最有价值顾客，同时摆脱负值顾客。所以顾客是上帝的传统说法如今要更改为"顾客不全是上帝"。

怎样测量顾客需求的满足程度？
——顾客满意度

　　顾客满意度指的是顾客需求获得怎么样程度的满足。将顾客满意度数值化就是"顾客满意度指标"。顾客满意度指标评价构成要素：其一为有形、无形（服务）的"商品力"；其二为商品以何种方式传送给顾客，也就是整体系统的"销售力"。

　　提高顾客满意度的五个关键是：

　　（1）顾客参与产品开发。许多企业以顾客调查来检查顾客满意度，却不了解消费者已经日渐细分化，而且想参与设计属于自己的产品过程，因此企业进行顾客满意度管理的第一步，就是要重新思考它与顾客之间的关系，把顾客视为产品创新的伙伴。正如戴尔电脑只生产和销售顾客已预先确定配置的电脑，顾客同时获利于定制化的产品和较合理的价格，顾客与戴尔电脑可以同时受益。

（2）顾客接触点建设。只要顾客觉察到他们的需求是被个别关注且被迅速满足时，顾客就会对企业的产品和服务感到满意。要在企业内部建立跨部门的合作机制，减少顾客与解决顾客问题的员工之间的层级。

（3）流程再造。在整个与客户接触互动的过程中以客户满意为目标，调整企业各个运营环节，向顾客提供增值资讯及服务，以增加顾客满意度并留住老顾客。要从思想和标准的角度考虑如何为客户服务，要把为客户解惑谋利作为全企业范围内的态度。

（4）销售人员能力建设。拥有最优秀员工的企业会拥有最好的客户。要认识到员工的重要性，对待员工要与对待我们的客户一样，重视员工本身的需要和期望，帮助员工，使其服务水平和自身能力都得到有效提升。

（5）销售方式的创新。商品越来越丰富，仅靠品质和服务已经难以抵挡消费者"改换门庭"的选择，只有与消费者建立休戚与共的情感联系才可能持久维系顾客忠诚度。只有注重与客户的每一次接触，通过各种客户接触点或接触渠道，无缝隙地传递目标信息，创造差异化的顾客体验，才能实现顾客对企业的满意和忠诚。

惠普公司把服务水平视为顾客满意度的关键。中国惠普公司还没成立前，惠普于1982年便在中国建立了服务机构，1994年6月，惠普将其服务通过IRN002认证。为了确保顾客满意，惠普在PC类计算机产品方面的支持通过庞大的维修网来实现，惠普的维修中心有100多家，覆盖全国61个城市。为了帮助维修人员深入了解惠普产品，惠普在北京办了惠普维修大学，其课程涉及技术及管理，它可令维修中心不仅跟上技术趋势、也跟上管理趋势。

目前，国内企业在顾客满意战略实际运营中，多采取以下五个步骤来实施：

（1）经营理念的再确立，使顾客满意的经营理念深入企业的每个人心中。

（2）测定、解析顾客满意度。

（3）聚焦经营，了解自己的"强势"项目：认清哪些人是你真正想要的顾客；弄明白目标顾客最重视什么；再找出明确的经营"聚焦点"。

（4）开发完善一套科学工作体系，用以评价企业优质服务水平，传达顾客的心声。

（5）创造独具特色和充满团队精神的企业文化。

今天你对顾客微笑了没有？
——顾客让渡价值

由于社会的不断发展，商品生产能力极大提高，从而使如今的消费者面临着纷繁复杂的商品和品牌选择，这就使企业必须关注顾客是如何作出选择的。显然，从经济学的观点看，消费者既然是社会经济的参与者和商品价值的实现者，他必然按"有限理性者"行事，亦即顾客是按所提供的最大价值进行估价的。

因而，现代营销理论的前提是买方将从企业购买他们认为能提供最高顾客让渡价值的商品或服务，而所谓顾客让渡价值（Customer delivered value）是指整体顾客价值（Total customer value）与整体顾客成本（Total customer cost）之间的差额部分。整体顾客价值是指顾客从给定产品和期望得到的全部利益，这包括产品价值、服务价值、人员价值和形象价值。整体顾客成本则是顾客在购买商品和服务过程中所耗费的货币、时间、阻力和精神成本。

顾客让渡价值概念的提出为企业经营方向提供了一种全面的分析思路。

首先，企业要让自己的商品能为顾客接受，必须全方位、全过程、纵深地改善生产管理和经营，企业经营绩效的提高不是行为的结果，而是多种行为的函数，以往我们强调营销只是侧重于产品、价格、分销、促销等一些具体的经营性的要素，而让渡价值却认为顾客价值的实现不仅包含了物质的因素，还包含了非物质的因素；不仅需要有经营的改善，而且还必须在管理上适应市场的变化。

其次，企业在生产经营中创造良好的整体顾客价值，只是企业取得竞争优势、成功经营的前提，一个企业不仅要着力创造价值，还必须关注消费者在购买商品和服务中所倾注的全部成本。由于顾客在购买商品和服务时，总希望把有关成本，包括货币、时间、精力和精神降到最低限度，而同时又希望从中获得更多实际利益。

因此，企业还必须通过降低生产与销售成本，减少顾客购买商品的时间、精力与精神耗费，从而降低货币非货币成本。显然，充分认识顾客让渡价值的内涵，对于指导工商企业如何在市场经营中全面设计与评价自己产品的价值，使顾客获得最大程度的满意，进而提高企业竞争力具有重要意义。

希尔顿饭店集团的创始人唐纳·希尔顿有句名言："今天你对顾客微笑了没有？"为什么要对顾客微笑？因为顾客能从中得到一种满足感、一种尊重感、一种精神的愉悦感。希尔顿认为通过提高员工的综合素质和工作能力，可以增加顾客购买的总价值，企业也能因此而获得更大的收益。

顾客在选购产品时，往往从价值与成本两个方面进行比较，从中选择出价值最高成本最低，即顾客让渡价值最大的产品作为选购的对象。企业为在竞争中战胜对手，吸引更多的潜在顾客，就必须向顾客提供比竞争对手具有更多顾客让渡价值的产品，才能使自己的产品为消费者所注意，进而购买本企业的产品。

为此，企业可在两个方面改进自己的工作：一是通过改进产品、服务、人员与形象提高产品的总价值；二是通过降低生产与销售成本，减少顾客购买产品时的时间、精神与体力的消耗，从而降低货币成本与非货币成本。

为什么观光客在美国的商场大肆采购？
——顾客是上帝

顾客是上帝，就是要真心诚意地把顾客奉为上帝，为顾客提供最优质的产品和服务，满足顾客的心理和精神需求。这种观点，现在已经成为商务活动中处理企业与顾客关系的基本准则。

"顾客就是上帝"在美国有着很好的体现，这倒不是什么人的本性，而是竞争法则使然。没有好的服务就不会有客人，没有客人则工厂和商场就没有办法生存，特别是在美国这个竞争非常激烈的国度里。所以，各个商家无不使出浑身解数来拉拢客人。

在美国的各个连锁商店，只要你买了物品，不管是多少钱，在60天内都可以退换。所以，有些聪明的旅游者来美国后，租一个房间，然后就到商场大肆采购。什么电视、音响、家具、厨房用品、电冰箱、电脑等。用过一个多月，假期也过完了，雇一辆货车再将买的东西全部退回商店。这商店也二话没有全部接收，全款退还给你，只当你白用了一个多月。有的商场也许会问你为什么，你只要告诉他"我不喜欢"就可以。但大多数商店并不会问你任何原因。

要真正实现顾客是上帝的目标，企业需要做到以下几点：

1.提高产品质量和服务水平，这是处理好与顾客关系的基础。

2.认真了解顾客的心理需要。

3.正确对待顾客的投诉。顾客投诉具有积极意义，一是顾客将不满诉诸企业管理者，总比诉诸社会对企业有利；二是给企业一次争取顾客的机会；三是顾客投诉等于无偿向企业提供信息，即企业哪方面工作还有待改进。

如何让20%的客户创造80%的利润？

——大客户管理

大客户也称为核心客户，其实就好比精品店、饭店的VIP客人一样，是企业收益的主要来源。根据"帕雷托法则"，企业80%的利润来源于20%的高端客户。针对这群金字塔顶端的客户，企业不仅要花心思经营，而且还要找对方法和策略。

大客户管理（KAM，Key account management）是企业以客户为中心的思想和关系营销发展的必然结果。大客户管理是卖方采用的一种方法，目

的是通过持续地为客户量身定做产品和服务，满足顾客的特定需要，从而培养出忠诚的大客户。

假使你是某名牌精品店的VIP客户，每年生日都能享受到独特的生日特惠商品，新品上市时第一个收到通知，店家甚至知道你家里每个人的穿衣风格，你可能就会心甘情愿地每年继续在这家店一掷千金。相反，你虽然贵为VIP客户，生日时一张问候卡也没有，新品上市时还得跟着一堆人挤着看货色，店家尽推荐一些不适合你的商品，也许马上你就决定投入别家的怀抱。

据施乐研究中心的调研报告，一个非常满意的客户，他的购买意愿将6倍于一个满意的客户；而2/3的客户离开是因为企业对客户的关怀不够。因此，客户的满意度和忠诚度将直接影响企业的销售和成本，特别是在与客户交流频繁、客户支持要求高的行业，如银行、电信、保险、民航、医疗保健等行业。由于吸引新客户的成本是保持现有客户满意的成本的5~15倍，显然吸引新客户比保持老客户需要更多的努力和成本，企业必须竭尽全力保持住他们的老客户。

识别大客户，并以个性化服务提高其满意度和忠诚度，是把握这部分客户的最佳办法。谁能够拥有一批稳定的大客户队伍，同时能够在客户服务、管理等方面强于竞争对手，谁就能够最后赢得市场竞争的优势。比如，中国移动公司按照ABC分类法，对个人客户中占总数10%、其通信费合计占运营商通话费总收入38%的高端客户群，实施优先、优质服务。中国联通公司分别给连续六个月通信费大于300元、500元、800元的CDMA或GSM客户颁发三星、四星、五星级服务通行卡，星级会员享受所有与其会籍相匹配的通信优惠，同时还可享受到其他如全国范围内的预订房等许多通信外优惠服务。

目前，许多企业的大客户管理还存在着问题，主要包括：

一是许多企业往往偏重新业务、新客户的发展，而与老客户的沟通不够，大客户服务呆板，缺乏人情味。大客户的需求不能很好地采集反馈，致使给予的服务低于大客户的期望值，往往会导致老客户的满意度下降，这会增加大客户市场的不稳定因素。

二是缺乏有效的管理方法，难以对大客户市场竞争作出准确的管理和预测。许多公司由于没有有效的管理系统与措施，难以对客户的资料进行整合分析、综合评价，更难发现某类客户、某项业务的变化趋势。这往往造成大客户业务流失，而事后补救必将付出巨大的代价。

解决上述问题的方法是：

第一，建立完善的大客户基础资料。要搞好大客户服务工作，首先要在纷繁复杂的客户群中找准目标，辨别出谁是重要客户，谁是潜在大客户。

第二，要摸清大客户所处的行业、规模等情况，建立完善的大客户基础资料。同时，要依据资料提供的信息，对大客户的消费量、消费模式等进行统计分析，对大客户实施动态管理，连续对客户使用情况进行跟踪，为其提供预警服务和其他有益的建议，尽可能降低客户的风险。

第三，实行客户经理制。客户经理制是为实现经营目标所推行的组织制度，由客户经理负责对客户的市场营销和关系管理，为客户提供全方位、方便快捷的服务，大客户只需面对客户经理，即可得到一揽子服务及解决方案。可以通过数据分析出某类大客户是什么类型偏好的消费群，其消费热点是什么，然后派出营销代表在该用户群中进行有针对性的营销活动，这样会增加业务推介成功的机会，提高大客户服务的工作绩效。

客户经理还应为大客户提供免费业务、技术咨询，向大客户展示和推广新业务。根据客户的实际需求向大客户提供适宜的建设性方案，以优质高效的服务提高客户的能力，使客户最大限度地提高工作效率。

第四，建立大客户管理系统。大客户管理系统，是在为大客户服务的整个过程中，为大客户的市场开拓、信息管理、客户服务及营销决策提供

的一个综合信息处理平台，它需要企业了解大客户构成与整个客户群体的构成差异，并按客户自然属性进行分类，挖掘出影响大客户的关键自然属性特征，使企业能准确地掌握市场动态，并根据市场需求及时调整营销策略。

贿赂顾客能赢得顾客的信任吗？

——忠诚营销

忠诚营销是一种销售策略，旨在通过能够给双方增值的长期沟通，发现、维持并赢得由最主要的客户带来的增量收益。忠诚的根源是顾客对自己与产品生产者、服务提供者之间关系的良好感受。真正的忠诚来自顾客感受到的、通过双向沟通所传递的价值和相互关系。

企业有一种流行的做法，希望通过折扣或回馈来招揽顾客、留住顾客，并把这种活动称之为"忠诚营销活动"，这实质上是一种顾客贿赂，对于培养顾客信任没有任何作用。

每一位拥有招行信用卡的人，都会有这样的体验，在你接到信用卡的最初两个月内，你会常常收到短信或是电子邮件，大致的内容是如果你能在办卡的最初两个月内刷卡满六次，即可获得类似于玩具维尼熊或米老鼠靠枕等的礼物。对于消费者而言，他们会觉得反正是要买东西，但是如果刷卡还可以有礼物那么何乐而不为呢？

在美国，很多信用卡公司都有对客户的现金回馈措施，作为一种营销手段，现金回馈的效果也是其他方式所不能企及的。招商银行也尝试过这一招。2004年年底，招行推出"天天刷卡，现金回馈"活动，客户在活动期间坚持每日刷卡，就可获得当月消费额6%的现金回馈；如当月连续刷卡16天，也能获得这16天消费额3%的回馈金。这种手段让消费者每天早上去超市买牛奶、茶叶蛋，都有刷信用卡的冲动，培养起顾客每天持卡消费的习惯。

忠诚营销的核心是品牌忠诚和有价值的消费者。为了更好地在市场中运用忠诚营销，企业应做好以下几点：

（1）强化消费者的行为。

（2）找出品牌忠诚者。在许多产品类别里，某品牌的利润中很大一部分来自该品牌的少量的忠诚且大量使用的消费者。

（3）摆正广告与促销之间的关系。

（4）避免惩罚忠诚者而奖赏不忠诚者。

（5）销售品质而不是价格。

（6）关心点是利润而不是销量。

（7）把品牌忠诚营销策略作为企业的策略。

如何与终端用户共同创造价值？

——协作营销

协作早已成为企业安身立命之本。协作营销是企业与终端使用者共同创造价值，意在使价值最大化的一种流程——理所当然应成为企业瞩目的焦点和追求的目标。不同于关系营销（Relations marketing）所指的"企业必须与客户相联系"，它涵盖了创新、设计、沟通、销售和支持流程的方方面面。

宝洁公司创建了一个"宝洁建议者"（P&G Advisors）计划：消费者能够直接参与到新产品的开发过程中，试用各种新产品，并提出自己的反馈意见。这既使消费者真真切切地体会到了"上帝"的滋味，又使宝洁公司不断地修正自己的产品和营销计划，有针对性、低成本地推出适合市场需求的新产品，将成本降到了实施计划前的1/10。当企业通过研究、分析、提炼各种客户资料，并进行分类、筛选、过滤，然后将其同新产品的开发流程有机结合起来，协作创新就水到渠成地实现了。

协作设计通过与终端使用者的充分沟通、交流和双向反馈，企业彻底地将客户的需求贯彻到产品和服务的设计、开发流程中。

美国的国家半导体公司创建了一个虚拟的设计场。该设计场提供了一种名为Webench的工具，通过使用该工具，工程师们能够设计和测试电路。仅仅去年一年，该公司的工程师在该网站上就开发出了43 000多种新设计方案，平均每月为客户节省的成本开支高达8 200万美元，该公司每月的设计收益也高达150万美元。

协作沟通，意味着信息的不充分有可能变为信息的较为充分和知己知彼。协作沟通使得公司能够与客户同舟共济，在各种营销活动中共同创造出及时的、积极的沟通反馈循环圈。

协作销售因为有了生产品开发、设计过程中客户的大力参与，企业提供的产品和服务与客户订制化的产品和服务已经趋于一致，从而使得协作销售的效率大为提高。

协作营销的优越性体现在以下两点：一方面，能够快捷、准确地解决客户的燃眉之急；另一方面，也能够降低企业的成本开支，提高客户的满意度，从而提高客户的忠诚度。实施协作营销关键的第一步是企业必须彻底改变其心智模式（Mental model），由原来的"命令和控制"转变为信息民主时代所必需的"连接和协作"。此外，企业还必须注意以下几点：

一是转变思维。企业必须抛弃"由内到外（Inside out）"的传统思维方式，代之以"由外到内"（Outside in）的新型思维方式。只有从客户的真实需求出发，企业才能够真正"对症下药"。

二是创建平台。企业必须建立有助于终端使用者参与企业的设计、营销沟通、销售、订购管理和支持流程的技术平台。通过此平台，企业与客户能够进行畅通无阻的沟通，减少企业不必要的成本和开支。

三是模块化。当客户能够通过对模块进行组合、调配，来达到订制产品和服务以及定价的目的，那么，你的企业就真正实现了从"一招鲜，吃遍天"的传统运营方式，到"个性化、订制化"的现代运营模式的转变。

四是提供激励。提供各种各样的激励措施，激发客户主动、快乐地与企业分享它们的使用经历。这些激励措施既可以使用货币，也可以采用社会化的激励措施。

毋庸置疑，只有当企业能够与终端使用者更好地进行无缝式协作，双赢才能够真正地实现，价值也才能真正达到最大化！

如何用恰当的人为恰当的客户提供恰当的服务？

——团队销售

团队销售是指从企业内抽调业务娴熟的人员，通过周密的规划和充分协调来围绕目标客户开展销售工作，目的是满足客户组织内一些决策者的各种需求。简言之，团队销售就是运用恰当的人为恰当的客户提供恰当的服务。

团队有几个重要的构成要素，总结为5P。

1. 目标（Purpose）

团队应该有一个既定的目标，为团队成员导航，知道要向何处去，没有目标这个团队就没有存在的价值。

2. 人（People）

人是构成团队最核心的力量。3个（包含3个）以上的人就可以构成团队。

目标是通过人员具体实现的，所以人员的选择是团队中非常重要的一个部分。在一个团队中可能需要有人出主意，有人定计划，有人实施，有人协调不同的人一起去工作，还有人去监督团队工作的进展，评价团队最终的贡献。不同的人通过分工来共同完成团队的目标，在人员选择方面要考虑人员的能力如何，技能是否互补，人员的经验如何。

3. 团队的定位（Place）

团队的定位包含两层意思：

一是团队的定位，团队在企业中处于什么位置，由谁选择和决定团队的成员，团队最终应对谁负责，团队采取什么方式激励下属？

二是个体的定位，作为成员在团队中扮演什么角色？是订计划还是具体实施或评估？

4. 权限（Power）

团队当中领导人的权限大小跟团队的发展阶段相关，一般来说，团队越成熟领导者所拥有的权限相应越小，在团队发展的初期阶段领导权相对比较集中。

团队权限关系的两个方面：

一是整个团队在组织中拥有什么样的决定权？比方说财务决定权、人事决定权、信息决定权。

二是组织的基本特征。比方说组织的规模多大，团队的数量是否足够多，团队成员的总体素质，组织对于团队的授权有多大，它的业务是什么类型。

5. 计划（Plan）

计划的两层含义：

一是目标最终的实现，需要一系列具体的行动方案，可以把计划理解成目标的具体工作的程序。

二是提前按计划进行可以保证团队的顺利进度。只有在计划的操作下团队才会一步一步的贴近目标，从而最终实现目标。

华为技术有限公司善于通过团队销售来确保其客户获得最佳的信息和最好的服务。华为组建了由各部门抽调的专家组成的技术团队来为每位客户提供顾问式服务，通过更好地掌握客户的需求来为客户提供最佳的解决方案。华为项目团队中的专家大都具有客户业务领域的丰富经验，他们可以凭借自己的业务知识和经验赢得客户的尊重。凭借"团队销售"这种模式，华为赢得了行业领先者的地位，并赢得了与客户组织内各级采购决策者的好感与信任，华为也因此得以在过去一直以每年两位数的增长率高速增长，并且，这种模式还为华为在未来持续获得成功提供了保障。

团队是由员工和管理层组成的一个共同体，该共同体合理利用每一个成员的知识和技能协同工作，解决问题，达到共同的目标。

团队销售有下列好处：

（1）团队销售可以为企业内部的各类专业人员提供后台支持。

（2）团队销售可以增加单位客户的销售贡献。

（3）团队销售是与竞争者争夺分销资源、更多地向现有客户和未来客户销售本企业产品的有效方法之一。

（4）团队销售可以与客户组织内影响采购决策的各位经理人员建立并协调彼此之间的关系。

（5）团队销售流程中所采用的平行销售技术，可以最大限度地接触到客户组织内的更多决策者，从而缩短销售周期，加快客户购买决策进程。